# 엄마 문고리

박송희 여덟 번째 시집

세종문화사

이 책의 삽화는 저자의 그림입니다.

# 머리말

어머니의 천만 만화경 속으로
인생 물살 저어 간다.
구구절절 아리고 시린 절대 모성
다른 듯 시치미 속에 둔 사랑가
캐 보고 꺼내 가는 가르침 쟁쟁하다.

보낸 세월 거기 머물고 달려가도
머나먼 하늘 지켜 서서 늘 살피는 이끌림
행여 그르칠라 잠행함을 자식은 끝내 모를
사랑 빛 길목에서 어미 자식 노고를 떠맡았을까!
세상을 주고 던진 사랑 말 새록새록
해맑아 다시 사는 어머니 둘레길
졸랑졸랑 따라가는 길이다.

위대한 업적 분명해서 세상은 화사하고 또렷하다.
아직 다는 몰라도 입고 사는 은혜 무엇과 비교할까.
어머니 둔 모든 생명 하나같이 갚을 길 없음에
어눌한 자식네 넋두리
삭임질하는 군입 그저 민망할 따름이다.

을사년 춘삼월

차례

머리말 ‥‥ 3

## 제1부 꽈리를 불면

입맷상 ‥‥ 12
달군 무쇠솥 ‥‥ 13
꽈리를 불면 ‥‥ 14
그리워 ‥‥ 15
무릎 ‥‥ 16
생긴 날 ‥‥ 17
그립다 ‥‥ 18
궁리 ‥‥ 19
뒷북 날라리 ‥‥ 20
눈만 뜨면 ‥‥ 22
부른 이름 ‥‥ 23
탱자 천리향 ‥‥ 24
토끼풀 반지 ‥‥ 25
아카시아꽃 내음 ‥‥ 26

## 제2부 잎겨드랑이

가라사대 ···· 28
종종 ···· 30
별 ···· 31
내민 손 ···· 32
거울 속 낙관 ···· 33
삭정이 ···· 34
잎겨드랑이 ···· 35
한 그루 ···· 36
기다림 전부 ···· 37
무언 ···· 38
생각 없이 ···· 39
꽃무늬 ···· 40
고향길 ···· 41
참회 ···· 42
흘려요 눈물 ···· 43
안녕 ···· 44

## 제3부 발칙 재롱

천만 어릿광대 ···· 46
아침 ···· 47
뜨거운 노을 ···· 48
익어지는 시간의 인내 ···· 49
발칙 재롱 ···· 50
이런저런 ···· 51
유전자 유랑 ···· 52
기억 더듬이 ···· 54
멋대로 ···· 56
어미 못질 ···· 57
그 생일 ···· 58
알 ···· 59
보이네 ···· 60
젖 정情 절규 ···· 61
안녕하세요 ···· 62

## 제4부 재재보살

그날 있었네 ···· 64
그랬듯이 ···· 66
흥 각각 정 따로 ···· 67
재재보살 ···· 68
빗줄기 ···· 69
적적 ···· 70
칭찬을 하다 ···· 72
눈 감으면 ···· 73
언 손 ···· 74
어물쩍 ···· 75
엄마 문고리 ···· 76
속울음 ···· 77
울림 ···· 78

## 제5부 엄마씨

아리랑 ···· 80
엄마씨 ···· 82
아 세상 ···· 84
젖니 ···· 85
애초에 ···· 86
뚝심 ···· 88
탈춤 ···· 89
빛의 얼굴 ···· 90
새끼 사랑 ···· 91
가을 이름 ···· 92
땀 ···· 93
어머니 ···· 94
늘 찬 허공 ···· 95
알끈 ···· 96

## 제6부 볼우물 낙수

서슬 ···· 98
볼 붉은 청년 ···· 99
어미 닮이 ···· 100
볼우물 낙수 ···· 101
세월 물살 ···· 102
세상 약손 ···· 104
고뿔 들라 ···· 105
정情 ···· 106
기다림의 가뭄 ···· 107
무상 ···· 108
못질 ···· 109
아비의 자락 ···· 110
입단속 ···· 112
거리굿 ···· 114

## 제7부 태양의 기약

기억의 예모 ···· 116
몽롱 ···· 117
부를 이름 ···· 118
공치사 ···· 120
은혜꽃 ···· 121
모르쇠 ···· 122
태양의 기약 ···· 123
공 ···· 124
빛의 눈 ···· 125
왜요 ···· 126
무슨 까닭 ···· 128
깊을수록 ···· 130
시를 묻다 ···· 131
알약 ···· 132
왜 몰라 ···· 133
이별 짓고 ···· 134

〈해설〉

삶의 폭이 넓은 이해와 해석의 언어
구현으로 이뤄 낸 시대의 사모곡 ···· 136

# 제1부
## 꽈리를 불면

# 입맷상

상차림 기다리는 가벼운 입가심
군침부터 부추겨 허기 채울 기미
젓가락 숟가락 부딪는 눈동자
감칠맛 섞는 다디단 어금니

아기자기 웃음보 밥상 다리 가벼워지면
우르르 어울린 정
흥겨움 짝을 짓고 신바람 북돋아
상머리 물리고 부른 배 꺼져라

윷 놀고 널뛰던 앞마당
할매 할배 어매 아배 모두 어울린 한바탕
나오르는 명절 너털웃음 아장 노래
다 있던 그때 홀로 적적 누가 만들었나

짧아 자지러지는 시간벌레
무엇이 이토록 용춤 추게 했던가
상차림 사라진 자리에 주름길 갈래들
지워진 흔적 빗방울 뿌려 간다

## 달군 무쇠솥

부뚜막 쇠솥 엉덩이 솔가지에
지지는 이 맛 저 맛
밥이야 떡
푹 삶은 소머리 곰탕
언제나 맛 들인 벙싯
할매 생일 동네잔치
안방 건넛방 대청마루 눈동자 굴려
수젓가락 부딪는 눈 맞춤 또르르

쇠솥 달구는 덕담
이웃 정 밥 한 끼 상차림
심부름 통치마 휘날리는 코고무신
빠질세라 불러대던 아무개
아무개네 대문 열리는 잰걸음
뒤돌아갈 수 있다면
그네 타고 널뛰듯
헌 바람 새 바람 치맛자락 휘날리겠다

## 꽈리를 불면

까꿍 외마디에 실려 온 하얀 꽈리꽃
어느새 뙤약볕에 물든 주황 딸랑이
달콤한 씨알 빼먹고
볼 터지게 불어대는 노을빛 꽈리 나래

뒤뜰에 뛰어드는 한여름
홀로 부르는 병아리 떼
외할머니 엄마 언니 뒷집 홍아 앞집 숙이
아기 소녀 꽃 나들이했지

볼 터진다 놀리시던 엄마 음성 그림 같다
무릎베개 옛날얘기 하염없는 하늘
다 떠난 빈 마당 추억만 질경이꽃 얼굴
꽈리피리 빨간 웃음 뽀득 뽀드득

# 그리워

성황당 느티나무 주렁한 오색 주술
바람에 바래도록 흔들려도
돌멩이 뾰족 탑 꼭대기에 눈 하나 박아
오시려오 합장에 불붙는 염원

그날은 거기
오늘은 여기
따를 수 없는 아득한 세월
귀 막고 눈먼 이름만 무럭무럭

섬돌 밑 단물 쓴물 삼켜 버린 기다림
기약 없이 온다는 허약한 고대
말뚝에 매어 두고 코뚜레 당기는
어미 소 기린 목 되려나

짓씹는 풀 내음 산 내음
이끼꽃 하얗게 시든 바위의 호소
무너져도 뜨는 해
꺼져도 돋아나는 애솔이 산을 지키듯
떠나도 젊은 어미 얼굴 그대로

# 무릎

낮게 맞추는 안정
겸손이나 반성 화해의 요청이다

들뜬 생각 모으는 일념
꿇은 무릎 언어
털어 보는 반추의 터럭

네 활개 활짝 날아오르고
깃 다듬던 예비 신호
뛰쳐나가고 뛰어오른다

사랑도 접고 펴고
펼친 만남 영원 같더니
돌아서는 이별

누구도 보지 못한 순간의 끝 저린 오금
충실한 무릎 일생살이

표정 없이 구부리며 숙이던 버릇
무릎 밑 수고로운 사유
요람을 흔들던 엄마는 그랬다

# 생긴 날

태어나도 허공살이
또렷한 파장이라도
만질 수 없고 보일 수 없는
떠도는 미궁의 염원이다

불현듯 핏빛 뚫는 진통
밀어붙인 섣부른 발버둥
세상이 알아차릴 때까지다

생긴 대로 생겨 난 어미 공덕
한껏 부린 장기자랑
생긴 자리 찾아 헤맨 기껏

나온 이유 가는 까닭
파도의 거품에 묻든가
신만 아는 비밀번호
엄마는 알까 그 화답

# 그립다

추녀 끝 낙숫물 자리 말간 마사토
손바닥에 올려놓고 알알 세던 기다림
해는 멀고 어둑해 낮도 저녁

엄마 부름 있으면 심심을 풀까
어른은 왜들 그리 바쁠까
새집 짓고 이사 온 우리 집은

이름 부를 동무도 없고
아는 노래 모두 불러도 시간은 지천
앉았다 섰다 엄마 곁 언제일까

언니 책가방 부러웠던 긴 시간
껑충 뛰어 낙숫물 움켜쥐던 아기 소녀
그리움은 떠난 뒤에 등짐 지고 우두커니

부름 없는 귀울림
감아도 떠오르는 또렷
뒤통수 눈동자 누가 있어 만날까

# 궁리

구름이 하늘 가리고
미로의 동굴 서두르는가
짧은 궁리 긴 번뇌
허리띠 질끈 동여
흐드러진 질주
꾀병 지병 받아 쥔 무렵

따를 길
나눌 김
야박한 세상
후덕한 세월을

몰랐구나
놓쳤구나
귀 닳도록 이른 말
세상은 냉정하다 하셨지

얘야 잊었구나
되뇌던 귀울림 아차

## 뒷북 날라리

제법 말들은 잘하지
계실 적 불효 나중 하는 효심
살수록 부자유 왜 그랬을까
한답시고 제 식대로 저지르고
이거저거 맘대로였지

말 없어 모르시는 줄 시큰둥 미뤄 놓고
그저 봐준 넉넉한 품
이따금 깨우치는 아 그래
그걸 몰랐네 불효의 뜨거움을
말아라 그만두라 하신 거짓부렁
정말인 줄 짜증 내며 토라지던 맹추

서툰 권유 빈약한 미련퉁이 자식
염치 몰수하고 울컥거리는
뒷북 날라리 초라니 장구

잘못했어요 잘하려야 할 수 없는
허공에 내미는 헛 노래
그럴 줄 알았다 웃으실까

꾸짖음도 그리운 무릎 꿇고
손들고 앉아라 누가 이를까
단체 기합 대청마루 오 남매 우르르 쾅쾅
가라앉히고 묻던 벌선 이유
이젠 듣지 못할 밤숭어리

삼십 나이 어미로 지킨 인고의 슬기
요즘 여인들 알기나 할까
어미 숙명 떠맡은 무게
하늘에 물끄러미 묻던 늙바탕 아련을

## 눈만 뜨면


누운 채로 돌아 여명 비집는
날카로운 꽃샘 기척
태양이 숲을 밝힌다

까치둥지 나르는 모이
입만 달린 새끼 아침 끼니 그득
이른 새벽 퍼덕이며 물고 빠는 어미 새끼

봄빛 오르는 마른 가지
묵은 해갈 새순이 머리 비집고 기미하는
세상 바람 눈 뜨라 흔든다

솔잎에 오른 물기 햇살에 더 푸르고
풀숲은 들썩들썩 가랑잎 밀치고
힘껏 들어 올리는 숲머리

달라도 한참 다른 아침
등굣길 서두르는 맑은 책가방 행진
첨탑에 걸린 어미 눈 종종 발맞춘다

# 부른 이름

예뻐 부르고 애타 부른 이름
어르고 매만진 온통
하나도 많고
둘도 적은 신들린 신명

이름 따라 자라나
짓고 부른 우짖음
세월이 싣고 바람에 떠나
우두커니 속으로 부르는 어만 이침

멀리 두고 부서져라 껴안는
가까우면 눈부셔 못 부를 이름
여기까지 뚫고 나간 쓰라림
마지막 부르고 흘릴 울음 새끼 둔 어미

## 탱자 천리향

묵묵히 사립문 젖혀 바라보는
떠난 아기 옷자란 오렌지 자랑
더 넓힌 영토 흐뭇해라

작은 눈망울 휘둥근 하늘
게서 크고 에서 다독이는 바람 뽀뽀
흩날리는 탱자어미 울타리 야무지다

훌쩍 자란 새끼 따로 살림
쓸쓸 끌어안고
옛얘기 쏘아 올리는 탱자 천리향

# 토끼풀 반지

꿈일지도 모르는 한 눈결 생애다
꽃반지 기꺼워 웃던 풀숲
꽃나비 풀벌레 따라 춤추며
끼니 잊고 엄마 걱정 사더니

주울 시간 없이 사라지는 순간들
엄마 세계 바라볼 틈도 먼 별
끝자락 세상 동여 가며 달음질친다

토끼풀 가락지에 엄니 부름 걸어 두던
기억의 새김질 파랗게 뛰는 바람 소리
그믐밤 좁쌀로 뺨을 맞는다

## 아카시아꽃 내음


엄마 태어나 자란 외가 나 태어난 생가
뒤주에 달항아리 꿀보다 달콤했지
가위바위보 꽃 따 먹던 다디단
손가락 사이 꽃향기 적시던 웃음소리

할머니 미소 뒷짐 진 등 너머
구기자 하얀 꽃 지천이던 둔덕
산모롱이 휩싸 돌아
처마 끝 제비 부르던 마파람

갈래머리 흔들며 잘도 큰다더니
자지러지던 시절 흐드러진 풍랑
여기
아카시아꽃 흰 머릿결

뒷문 밖 언덕
철둑 너머 기적 소리 강변을 훑고
도마뱀 꼬리 잘린 세월
오월의 메아리 유년으로 그윽하다

# 제2부
# 잎겨드랑이

## 가라사대

버릇 물든 걸음새
기울고 비틀려 여기저기
시든 호소 소란하다

꾼 꿈 갚는 시절
기왕이면 감나무 까치밥
꼬치곶감 될 걸

장벽 치고 막아도 유리알 세월
백두의 천지 한라의 연지
모두 신의 거처다

자신의 꼭두에 걸던 믿음
오로지 손금 운명
시간이 헐고 스쳐 간 헐거움이다

쥐어도 헛손질
밟아도 허깨비
산 귀신 무게 털린 빈 저울이다

쓴웃음 씹고 올려 보는
천변의 낯선 길
별 길 닦는 애절한 우짖음

일찍이 이른 말 잊어
생고생 나중 말고 지금 해라
엄마 말씀 어디 두고 헤맸나

## 종종

맘속 푸른 바다
이럴까 저럴까
이리저리 잔걸음 종종

덜어 내지 못한 안달복달
팔짱 끼고 바라보던 똑딱 소리
제풀에 넘어서는 숙연한 이내

먼 산봉 아쉬운 노을
불콰하게 군입 다시는 바람결에
슬며시 내리는 한나절 분주

밤빛 나쪼아 옹알이는 젖가슴 숨결
이슬 내리는 낮은 걸음 맨발의 엄마
꿈길 잠행 나선다

# 별

진즉 떠나도 밝은 여력
아직 달리는 빛의 속도
빛의 울림이다

비운 자리 비추는 길 안내
별빛 싸라기
오롯한 눈망울 엄마별일라

별자리 짚어 가는 그리움
못 벗을 치달음
거기는 어떠셔요 묻지 말란다

## 내민 손

세상 구르는 낮은 울림
재깍대는 시곗바늘
버릇 든 일상 그럴싸 이럴싸

미뤄 놓고 어슬렁
어느새 노을 짙은 낮은 하늘
아쉬움 흔드는 이내다

한 발자국 겹치는 그림자
누가 함께할 초침 분침 될까
기약 흩어 가는 음성

택할 누구였을까
기껍게 내민 손 잡아 주던 엄마
딸 주눅 들라 이르신

너만 먹냐
세월은 얼굴 가리지 않아요
지워도 꿋꿋한 네 세월 주름 탓 말라 한다

## 거울 속 낙관

기도의 거울
어설펐던 미소와 늘 가득한 쓸쓸함
배면 그게 그 표정
영락없는 외할머니 엄마의 낙관
내 거울에 환생의 꽃이 산다

모종의 텃밭 고스란히 물려준
유전자 강안 앉은자리 같은 바탕
내려 준 핏줄기 거듭 억겁 세월
거울의 고지식 뜬 대로 찍히는 얼개걸이
멘델의 법칙도 거울 속 재롱이지

닮은 꼴 부르짖어도 애초 어딜 갈까
달나라 토끼도 천상의 붕새도
제 생긴 애초
닮이 발아 우주의 별밭
북극성 할배의 미소이려니

# 삭정이

일찍 운명한 곁가지
누가 갉아 말라 갔나
애벌레 먹잇감 어린 순
어미앓이 껍데기
짧은 갈퀴손 마른 눈물 흘린다

젖은 숲 고랑 어미나무 호곡
나이테 둘러친 껍데기
삭정이 쓸어안던 뿌리 사랑
산비알 움켜쥐고 멀어 간 아련
숲지기 천년살이 애달픈 한

씨알 떨궈 새순 빚는 산통
흙 내음 젖줄 뿜어 올리는
어미기둥 한 생전 푸른 즈믄 년

## 잎겨드랑이

빛발 겨운 오월
빗물 구르는 숲가에
우뚝 뻗은 숲 기둥 잎겨드랑이
치켜세워 껑충 뼘을 재는 발돋움

어제는 아가였지
청년 폼 그럴싸 오늘
바람도 신통해 연신 깃발 흔들며
칭찬 말 퍼 나르는 숲머리

맨발의 굴렁쇠
아이야 뛰어라 더 높이
종다리 입담 널 위해 드높아
숲의 바람 부채질 웃음꽃 솟구치는

잎샘바람 꽃바람
바람 깃 향기 숲 너머 저 천변
온 년 즈믄 년 들썩이는 어깨춤
오월 숲 겨드랑이 일렁이는 마파람

어버이 푸른 몸통, 태양을 들어 올렸다

# 한 그루


홀씨 하나
어디로부터 붉은 씨 한 톨
터를 잡았나

발바닥 모래알 텃밭
손가락 사이로 미끄러지는 바람도
세모시 도포 자락 출세간을 읊는다

뒷산에 뿌리 내린 어린 주목
천년 생기
솔뿌리 벗하며

바위 밑 석수 산맥 뛰는 박동이다
산코숭이 웅비하는 억겁의 첫 인연
꽃 꿈꾸는 콧잔등

세상 하나
내 하나의 맥박 젖 먹을 힘
목숨 건 생명 태어난 몫을 잰다

# 기다림 전부


세상을 접수하고 여민 강보
배꼽 행차
마른자리 진자리 소통을 한다

고프면 부르고 거북하면 발버둥 그 모두
기다림의 언어다

이 고픔 저 고픔 때 짓는 문턱이다
어미 밥상 이비 큰기침에 얼리는 주머니

터울받이 서열 얻은 키 재기
소박한 이름 시절에 매단 갈래들
조각보 잇는 흐뭇한 단출

네 것 내 것 내건 알몸 세상
아무려나 실컷 못 할 끝자락
무슨 기다림 호명할까

지금의 완료
진행을 고대하는 간결
엄마 젖가슴 항아리 더듬기다

# 무언


따로 두지 않은 빎이다
어루만지는 상처
마음 젖은 다독임

말 없는 언어 큰기침 잔기침
억양이 원하는 그 무엇을 안다
익숙을 앞지르는 울림이다

닦이고 갈아 낸 모서리 둥글게
구르는 파동의 의미를
눈 찔끔 한 발 뒤따르는 배려

말보다
마음 앞선 손끝 다반사 옳지 옳지
수도행 이끄는 촛농 엄마 눈물 녹아든다

# 생각 없이

눈뜬장님 귀머거리
햇살 뒤집는 잎사귀에 떴다

손톱만 한 청개구리 삼켜 간 자리
풀숲도 심심해 도리질 치는 그리움

사라지는 지금을 붙들지 못해
들끓는 몸살

흐름이란다
오고 가야 새롭단다

먼빛에 던지던 시선
산 것은 삶, 버린 것은 잊음이라지

놓은 생각에 놓이는 착살맞은
안달뱅이 엄니 곁이면

## 꽃무늬

꽃 그림 속 어머니 맘
젊은 여인 햇볕 가리던 꽃무늬 양산
앞마당 화단 화초 철철이 가꿨지
그 엄마 유년 아카시아 뒷동산 딸내미도
나눠 맛보던 외가댁

꽃이면 좋아라 예뻐하더니
꽃구름 속에 숨어 보시나
까꿍 까꿍 사라지고 나타나고
근심일까 칭찬일까
미욱한 딸 내려보시는 구름 얼굴

거꾸로 먹는 나이
왜 자꾸 칭얼칭얼 불러 가는지
짧은 날 어설피 질둔하고
티 없던 밤숭어리 누가 삼켰나
빨랫줄에 흔들리는 이름 엄마 여인아

## 고향길

들썩들썩 떠돌이
와도 어색 가도 낯선 어설픔
찾아 헤맨 생애
익어도 씹히지 않는 씨알이다

수억 겁 돌아친 아메바 인연 밟아
끝이라던 시작 멀고 긴 동안
혼쭐 걸린
순간이 짓는 영원

떠돌던 넋의 한
난 자리 물 간 자리
닦고 씻는 알갱이 오롯

타향 떠나 나서는 길
마중 곳 엄마별
길은 몰라도 믿어 갈 길
끝내 찾을 배꼽고향 거기로

# 참회

기껏 먹은 다짐
여법하게 고쳐 잡은 허리춤
영락없이 무너지는 허약
참회의 짤막한 활보

여물 되새김질 맛 모르는 외양간
사람은 자꾸 도돌이표
아니함만 못한 순간 돌고 돈다

용서는 스스로 내리고
또를 저지르는 어처구니
깨우침은 찰나 미련 맞은 긴 버릇
그래도 고쳐 잡는 다짐

두서없이 읊어 가는
지금 모습 바라보는 하늘가
웃기도 울기도 하겠지
내 모를 나 엄마 거울 내 얼굴

# 흘려요 눈물


숲머리 스쳐 가는 해
문득 떠오르는 얼굴
구름이 지우고 울음을 안긴다

찻종에 떨구는 이름 뜨거움 보태고
다시 식히는 눈물

바쁘다 헤아리지 못한 핑계
지금 같았을 그 시절
그래도 반기던 즐거운 까꿍

쓸쓸히 공간 끌어안고
잘못을 외워도 귀도 눈도 저 하늘에 걸려

입만 벙긋 주술 같은 부름
뜻대로 살라시던 웃음
다독이는 가슴 엄마는 뭘까

뜨거운 울음 차가운 눈물
체온 밖 헤매는 흐름
떠남도 사치라는 무상의 세계

# 안녕

소리는 같아도 다른 의미다
강약 높낮이
만남 아니면 이별의 신호

하늘 높이도 제 나름
바람막이도 폭이 다르고
그림자도 흑백이다

곁에서 먼 거리 당기는 손짓발짓
앞뒤 모를 쓸쓸의 그림자
안녕을 캐 보는 하늘로 까꿍

엄마 생전
아침결 버릇 이젠
문지방 흔드는 까꿍 울음보

# 제3부
# 발칙 재롱

## 천만 어릿광대

감은 눈 비집는 자장노래
못 잊을 유영 배냇재롱 듣고 보았지

귓속말 들려오는 사랑 발자국
여민 여로 살며시 젖혀
배냇버릇 그대로

다시 짓는 옹알 옹알이
하늘만 아는 천만 어릿광대
천상의 사랑둥이

눈치 빠른 필연의 몸짓에
맥박 뛰는 실핏줄 속삭이는
은사실 간짓대 응석

다리 뻗고 마시는 사랑 말
하늘 모롱이 나오르는 나래짓
땅 짚고 유영한다

# 아침


돋을볕 활짝 젖힌 하늘로
깡충거리는 아이들 책가방
어깨 위에서 토끼춤 춘다

좁은 길 넓게 퍼지는 뜀틀
어디건 운동장 놀이터
노래하듯 재잘거리는 어린 음성

등 뒤에 얹힌 어버이 응원
앞장선 스승의 반김
뛰어든 아침 해 보조개 짓는

아이들 걸음 따라
뜀질하던 길섶엔 풀벌레 장단
풀 깃에 파란 이슬아침 빛 엄마 배웅

## 뜨거운 노을

알록달록 아기자기
다가오곤 달아나고
꽃이야 지건 말건

매화향 식기 전
벚꽃 산수유 진달래 시새워
꽃 깃 젖히고 휘날리는 산내들

발돋움 껑충
풀어 젖히고 주저앉히고
앞 강 휘돌아 치는 신바람

절기의 밀어
돋을볕 이고 지고
밟힌 정오의 그림자

길게 드리운 이내의 물살
능선 넘어 뜨거운 노을
엄마 내음 하늘 가득 타오른다

## 익어지는 시간의 인내

기우뚱 삐걱
굽은 등에 쏟아붓는 햇살의 아량
세월의 매료다

관솔 맺힌 소나무 기둥 송진 흘러
노란 보석이 되도록 허접한 세간살이

기적이다
간택이다
따로 새긴 하나의 잉태

하늘 이고 나눠 마시는 대기
탯줄 물고 꼬물거리던 잊은 입력

익어지는 시간의 인내
하늘의 공간
바다의 융기 넋의 유영이었지

숨소리 타이름 나르는
어둡던 유랑 배 안의 동산 흔적 헐고
세상 뜻 밀치고 태어난 배꼽 세월

## 발칙 재롱

허벌나게 치르는 성장통
부딪고 뭉개는 생애
달팽이관 부산 떨고
빛 부신 눈망울 피어나는 만화경

꿈꾸던 꿈 늦은 외마디
정情의 요람 누가 부쉈을까
시간이 자랄수록 부푸는 어머니 그때
제 난 곳 제가 만든 줄 큰소리

다리 밑 응애 알몸 지금에 왔어도
제멋 겨운 청개구리
하늘이 하루 한 번 붉게 뜨고 지는 이유
엄마 근심 뜨고 새는 가슴일라

처연하게 바라보는 하늘 곳
앞마당 백일홍 노란 꽃술
나는 구름 여울
애야 흐르는 대로 살아라 시는가

# 이런저런


촌음보다 빠른 눈썰미
이미 세고 묻는 속셈
짝을 짓는 입버릇에

웃다 울며 토라지고 토닥이며
아닌 척 퍼 나르는 입방아질
얼굴 뜨겁고 가슴이 내려앉는다

변명에 눌린 참말
자율조율 실눈 뜨고 다시 보는
잘잘못 오르락내리락

빠르다 늦다 세월 탓
문득 민망스레 쓰다듬는 연륜
입안의 혀 엄마 생각 묻는다

## 유전자 유랑


질리고 소스라치며
안팎 내력 꼬집고 후벼도
모른 척하는 자식네
돌연변이 찬가 콧노래 삼는다

쥐고 나온 손금도 영점 차이
점 찍고 지우는 딴청
흑백 뒤집는 오색 만화경
믿던 하늘 노랗고

디딤돌 흔들리는 발가락 지진
행방의 초점
아득 먼 내일
발등에 내리꽂히는 아차

곱던 운명
누가 보살펴
그래도 외치는 제정신
백회를 맴도는 어버이 뵙을

백두산 천지에 떨구는 감로수
한 생애 갈증 달래 줄까
한라산 백록담
구름이 퍼 나르는 어미 콧등

## 기억 더듬이

의관 갖춘 할아버지 아랫목
손녀딸 고사리 부축 장하다 칭찬하며
가부좌 틀고 무릎에 앉히던
껄껄 신통방통

쪼르르 뒤채 어매 아배 웃음 속 유년
대가족 살림 아련한 안채 뒤채
사내 아우 첫째 아들
높아진 엄마 잔등 외할매 사랑으로

누비던 뜨락
홍아 숙이 골목이 좁아라 장다리 키 재기
명아주 질경이 풀물 들이던 달맞이 둔덕
개구리 메뚜기 고추잠자리 논두렁 밭두렁

전봇대 크기 숙이 오빠가
동네 역성들던 듬직한 흐뭇
만날 수 없어도 불러 보는 이름
망팔 훌쩍 즈음 소녀 시절 갇힌 꿈

봉숭아 손톱 끝에 백설이 내리고
듬성한 머리털 하얀 달빛에 바래
그날 옛날 노래 짓는
아리랑 문턱 쓰리랑 눈물

## 멋대로


꿈 깬 태생 피어나던 음성
눕고 뒤집고 앉고 기어
세상 아장걸음 날래다

한 발짝에 담긴 일생
요리조리 발바닥 으깨는 참견
초견 놀이 깜짝 세월

꾸민 멋에 사라지는 제멋
어미 근심 무너지는 울음
귀도 눈도 너덜길 뒹구는 사이

탓을 탓하는 무리
문득 거울 속 그때 엄마 얼굴
성근 얼 싸개 싸고돈다

# 어미 못질

염열의 아쉬움 뙤약볕
움켜쥐고 알알이 알박이
포도알 꼭꼭 거두는 다짐

달콤한 기약 거미줄 걷어치우는
바람 깃에 날개 다는 환절
낱낱이 여물고 맛 들이는
야무진 절기의 내심

알 박던 빛발의 어미 못질
어느 송이 만들었나
알알한 진통
불볕 삼킨 오동통 알갱이 새콤달콤

# 그 생일

이레 굶는 까닭
군침 돌던 기다림
꼬부랑 허리춤

이 몫 저 몫 꼬깃한 쌈지
이름값 인연 도지 늙은 호박 덩이
냉수 말아 세월 마신 뒤끝

울음도 비웃어
잘룩거리는 입귀
또렷할 때 저지를 걸

잔치 마당 후들기는 후회
흐린 눈시울에 퍼붓는
망할 것 못난 것

세월의 용서
이레 굶은 생일 벼르다 빛바랜
번갯불 콩 볶기 마중이라던
엄마 당부 지금 해라
지금,

# 알

알은 새끼일까
어미일까
깨고 나온 세상
껍데기는 죽었는가 살았는가

하늘도 모시는 어미 아비
별자리에 박아 놓고
빛바래기 빗질을 한다
알 깬 즈믄 년

둥글리면 초승이 보름
다시 그믐이라
하늘 알 지고 뜨는 알 타령
알은 어른일까 아가일까

# 보이네


뒤뚱뒤뚱 뭇 발길 스치는 자국
반 울림 도돌이표 반달 놀이한다

애앓이 언어 캐어 담는 삭이질
달덩이 숨바꼭질 무게 없이
고뿔 든 봄바람 떨궈 벗겨 가는 기침 소리

뜨겁던 무게 달빛에 얹어 놓고
남겨진 쓸쓸을 덥히며
끼고 사는 허공의 유희
비우고 채우는 뒤끝은 울음

떴다 흐르는 엄마 길 그림자 수행
쌓인 눈 흐르고 뜬구름 따라
선 채로 한생 한 그루 껍데기 생애

온 년 즈믄 년 지킨 새순
아직 태어나지 않은 뜨거운 언어
오물오물 옹알이 하늘 말 귀띔한다

## 젖 정情 절규

젖 맛 잃고 응애
어미는 젖 동여매고 고무 꼭지 물린
물 탄 분유 식은 온도

젖배 곯은 송아지 난장판
외양간 빈 울림
곱씹는 반추의 절규

젖 맛 모른 뿔난 인싱
널뛰는 송아지 뜀틀
고삐 풀린 젖소 경주

버리고 잃어 흐느끼는
핏빛 심장 젖 내음
젖 정 엄마 찾는 탯덩이

덩치만 어른
허울 흉내 알갱이 띠앗
넌 누구니

# 안녕하세요

무심코 들여다본 거울 속
어머니에게 여쭙네
- 안녕하세요 -
웃으니 따라 웃네
젊어 몰랐던 모습
혼자인가 했더니
어머니 마주 살고 있었네
외할머니 닮은 당신
외손자 내리사랑도 같았지요
삶은 누구나 다름없어
- 맞아요 -
거울 보면 엄마 모습이라는
나이쎄 든 무렵의 이구동성
그리움은 제 얼굴에 박아 놓고
찾아 헤매며 보고 싶다 하지
내 안의 눈부처 누구라 볼까
그리움은 못 본 나를 비추려
속절없이 빙빙 도는 물레질
비단보 엮을까 백자 모양 고를까
엄마는 여인 아닌 별천지 이름
놓고 간 거울 속 살아 함께 생을 잇고 가네

# 제4부
# 재재보살

# 그날 있었네

젊은 어미를 하늘같이 믿던 아기
- 얼른 커서 엄마하고 결혼할게 -
기다리라던 아기
눈에 멀어지면 눈물바다
무엇이든 대령하던 만능 어미
잡은 손만 있으면 세상이 제 것이던 짤막

아이 없으면 무너지던 어미도
훌훌 벗어 놓고 드물게 날아오는
안부로 가슴 부풀리는 노모란다
아는 것 많아진 키 큰 세대 미덥고
대견타 해도 밀려오는 망망대해
구름을 떠안고 바다와 하늘이 맞물린
실오라기 부여잡는 하염을

까맣게 모르던 여기에서
뒤돌아볼수록 아득한 그 거기
삶살이 캐며 가는 오진 터득
철없다 해도 철에 묻혀 보내 버린 무게
털리지 않는 누름돌 꾸짖는 헛수고
버리자 눈 감고 파도를 치는 합장

도라지 타령 맥놀이 먼 울림
일없이 잠두의 머리 치켜드는가

생을 주고받은 얼개 놀이 하늘이 시킨 핏빛 노릇
알며 물려주고 얼결에 받아
마뜩하게 치르는 삶의 와중
짤막한 단막극 사라질 듯 애처로운
여기는 사바
그래도 꿈꾸는 내세 바람 되어 날고 싶단디

## 그랬듯이


같은 처음 다른 맺음이다
태어나 신비의 초견 이름도 몫도 딴판
죽을힘 다해 살린 한자리다

어미 되고 자식 된 천륜이란다
동시에 겪는 첫 일 다 알아야 하고
온갖 시중 내 낳은 하늘살이

신명 난 어미 그래서였을까
어미와 자식의 다른 눈높이
세상이 저물어도 시들지 않는 핏빛이다
낳고 흘린 서 말 남짓 흘린 피 잊고
스무 섬 서 말 젖 도지 대물려 받고
백지에 그어대는 고지서
잘해도 못해도 안타까운 빈 여울
끝나도 끝없을 야릇한 젖 내음
요와 이불 깔고 덮이는 천업

살수록 죄스러운 엄마 하늘
잘 할게요, 이미 늦은 알현
허사인 맹세 또 한다

# 흉 각각 정 따로


흉을 깔고 덮고 아서라 말아라

네 감춘 흉 단지
정 잃고 낙동강 오리알일라
백조 궁리 꿈꾸는가

귀 열고 입 다물면 빛 여울
서둘러 제자리 좌정시키는 눈길
시비하는 냉철 매를 들고 처방한다
흉은 덜고 정을 더하라던 엄마

시절의 정겨움 뛰노는 순천
있다 없다 구별 없이 차지하는 곁
돗자리 멍석 겅중겅중
비단길 천리향 휘감기는 저 하늘

## 재재보살


귀울림 쟁쟁쟁 한나절 저지른 생판
시달림 덜고 가벼운 저녁 눈 맞춤

엄마도 언니도 모두 외할머니 곁
다시 오지 않는 하늘 곳
보고 싶은 별 속의 별
바깥 사정 낱낱이 조잘대던 얼굴

혼자 올려 보는 구름 뒤 표정
아버지는 여전 멀찍이 빙긋
그리움 걸린 별별 얘기
건넛방 웃음빛 울림 인다

행여 놓친 것 있을라 꼽아 외던 하루
잠자리 누워 다시 세는 꼼꼼
머금은 미소 꿈길 가던 재재보살

빛바랜 머리털 뒤집어쓰고
굵적이는 봉숭아빛 파장
늙마 웃음 여전 그날
뭘 하나 다가가는 별빛 파수

# 빗줄기

글을 쓴다
세상 말 주룩주룩
잿빛 허공에서 꽃말 하늘 말

잎사귀에 떨궈 주고
읽으란다 베끼란다
수정 같은 구슬 얘기

엄마 구구단
풀숲이 외우는 옹알이
젖은 깃 새 한 마리 따라 읊는다

## 적적

눈부신 햇볕에 쫓기어
구석진 낮은 숨 거듭 몰아쉰다
겹겹 쓸쓸 타고난 외롬
숲의 바람 벌써 사라지고 물 간 자리 휩싸
물끄러미 흔들리는 물멀미 어이 피할까

외나무다리 외길 뻗고
연리지도 가지마다 다른 바람 일어
얼싸안고 그리워한다
가까우면 더 가깝기를
멀어 당긴 손끝의 온도 어이 바꿀까

말해도 삼켜도 마음 간극 여전하고
한 공간 사는 동안 보고 느낀 발견
걸림 없을 기대
그도 그만큼 이도 이만큼
나눈 건 볼 수 없는 신의 거리다

적묵을 입고 덮은 시간의 경주
누가 누굴 믿고 못 믿어 치대는가
이래저래 앓는 나들목 삶터
스치는 바람 말 알지 못한 까닭
노을에 태우는 어머니 침방울 간짓대

멀면 흐리고
가까우면 또렷하다
바뀌지 않는 짤막한 간극을
시작이라 끝이라며 무던하게 온 여기
엄마의 근기 무릎 꿇던 가교

굴러 둥근 수평 맞물린 어미 딸
꼬리와 머리
천작 부른 인연의 점지

## 칭찬을 하다


어설픈 걸음새 추임 하는 호흡
칭찬은 또 다른 세계의 문턱이다
단단한 보폭 흥겨운 어깨
망설임 떨쳐 버린 날개다

떠오름에 웃고 기다림 곳으로
지켜 선 지렛대 함께 하잖다
마주 들고 뛰는 가벼움
가야금 선율에 비단사 엮는다

미욱을 메꾸는 잔잔한 흐름
저절로 맞추는 손끝 알뜰
데지 않는 은은한 열정
나비춤 어깨춤 나오르는 신명

유년의 외할매
어린 손녀 이렇게 다독여
힘차게 키우셨지
지금 곁 거드는 웃음기 어린애 심성

# 눈 감으면

잊음이 살림이다
메 들어 떡 치는 떡판
콩가루 팥가루 고물 둘둘 굴리는
시간의 굴레에서 태어나는 울력이다
까맣게 잊을 줄 날고뛴

문득 묵은 영상을 본다
자랑스럽던 돌쟁이 동생 자식 떠난 자리 치르던
어미 쓰라림을 짐작이나 했을까
살아 못 볼 발길 기다림이 고독이라며

빙긋 쳐다보던 애총에 묻어 둔
내림굿 공수받이 손금 우두커니 좇는 혼의 그리움
뚫어진 하늘 휘휘로운 눈길
울고 웃는 밤과 낮의 표정
어미 속 빠져나간 헛헛

흘러도 익지 않는 세월 새삼 씹는
아득한 그리움은 깨어도 꿈 꿈이어도 생시다
슬픔이 웃는 기꺼운 시간의 조우
멅도 코앞 아둔패기 깨우침 모른 채 스쳐 산다

# 언 손

부리나케 대문 밀며 - 엄마아 손 시려요 -
아이고 이를 어째
싫으면 버리지 왜 들고 왔니
억지 놀림에 엄마를 또 외치며 눈물 찔끔

그새 언 손 스르르 풀리면
그때야 화로 곁을 비워 주시던
어머니 지혜
언 손 바로 불 쬐면 얼음 들어 긴 고생할라
미리 쓴 처방이다

말 없는 사랑의 언어다
금세 녹은 서운 눈웃음 만발
조잘조잘 잘도 지껄이던 안방
책가방 들치며 바깥 얘기 덥혔지
슬며시 저녁상 언 소반 받들던

엄마의 고단은 우리 몫 아니었던 때
다디달던 밥상 그 힘으로 버틴 여기
뿔뿔이 떠났어도 기억은 그날
삶은 추억의 시린 동행이다

# 어물쩍

둥글린 시간 납작 엎드리는 저물녘
해도 삼킨 봉우리 이내의 어둠
덩달아 가을 안개 휘장을 친다

밤으로 묻히는 멀고 어두운 산등성
기웃거리는 샛별 개밥바라기
시장기 닥닥 긁는 저녁 바람 나오른다

하루해 언떤결
남은 건 홀쭉한 뱃구레
저녁연기 고슬한 밥 내음

엄마 생각 느닷없이 뛰어들어
메케한 가슴 언제 불러도 아린 이름
엄마 이름 누가 지었을까

불러 외쳐도 허기진 그 이름
어디서 오셨던가

## 엄마 문고리

어머니 앞 백 년 어린애
한가로우니 불현듯 치달려 가는
거기 살고 있는 요람의 그넷줄
발 구르는 바람 가르기 한다

그리움이 휘날리는 머리카락
앞 구름 뒤 구름 하늘 구르는 가슴 폭
부를세라 미리 튀어나오는 엄마는
꿈을 지키는 만년 파수꾼

누가 짓고 이름 불렀나
바꿀 수 없고 떠날 수 없는 자리
핏줄 언어 뼛속 가르침이다
세상이 다 잊고 버려라 해도 누가 따를까

태반 유영 배꼽젖줄
아이 어른 구별 없는 이름 엄마는 하나다

아쉬울 때 놀라울 때 슬퍼도 기뻐도 튀어나오는
자동 여닫이 천작의 걸작 신의 작품
언제고 살아 열리는 시공 밭이다

# 속울음

말로 하면 그르칠라
애앓이 꿀꺽
삶의 굴레 비웃는가

흩어지는 한숨
세월은 무얼 먹고
홀쭉한 만복 세상을 휘젓나

나이테 더져 니는 피 올음
샛강 몰고 강으로 투신하는 멍에
바다에 박제를 시도한다

빈주먹에 휘감기는
뜨거운 입김 눈동자에 어리는 성에

무엇이 이 마당에 집을 짓게 했는가
낯선 시방 엄마의 뱃심

넌 나를 택한 빚쟁이
전생을 묻는 대출 장부
노송의 허리에 얹혔디

## 울림

사진 같은 기억 하늘 밖이어도
이승을 살펴 두리번 어둠 지켜
별똥별 떨구는가
빛발 이는 유성우 널 부르마던 적적

아침이 떴다고 두드리는 동녘
떠돌던 꿈자리 닦아 주는 매무새
헤설프게 웃던 울림 일깨우는
살수록 짧은 거리 그 때문일까

부쩍 켕기는 이승 유영
살아 할 일 지금뿐
누구 있어 이 맘 같을까
영혼을 밀어 넣는 외침

터지지 않는 울음 대기에 떠도는 안개
지금의 지속 영원의 서약이라고
허공을 에우는 메아리
이름 지은 신의 부름 발등을 찧는다

# 제5부
# 엄마씨

# 아리랑

질경이도 잔디도 못 되는데
명아주 지팡이 던져 놓고
싫어라 꼬부라져도 혼자 설 거야

젊어 아낀 곁 겨드랑이
힘겹게 주워 담고 다독여도
마음만 꼬장꼬장 휘어진 시절이다

젊은 세대는 비웃지
희아리 입으론 어르신
발칙한 발상 더 우스워라

모른 체가 차라리 좋지
힘껏 가꾼 매무새 나부랭이라 하지
가끔 끼어드는 그들 세계

등 돌리는 꼬락서니
곧 제 모습이련만
그걸 영악한 성장기라 바라보는

떨떠름 나도 꽃이란다
뿌리엔 단물
씨방엔 꽃씨 넌 아직 멀었어

우리 어머니도 그러셨지
그래 너 잘났다
아니 아닌 걸 알아채는 아리랑고개

# 엄마씨

어디쯤 떠돌아 업힌 인연일까
어미 빌어 태어난 세상
갚을 길 몰수하고 온갖 시름
설레발치던 콧잔등
젊은 어미 자식 씨름 한창이었지

다들 있는 엄마 하나
하늘에 묻고 별바라기 딱한 노릇
시린지 뜨거운지 혀 꼬부라진 맹맹이
자식네 백 년을 버텨도 어린애 행세
천년 느티 그늘 춥다 덥다 여전하지

어미는 누구의 부름으로 태어났나
나 죽어도 아주 가는 게 아니야
네가 있어 바라볼 이승
떠나도 남아 지킬 의지의 눈시울
어미가 뭐길래 긴 지킴을 서약하며
죽어 사는 성장을 일렀을까

싸락눈 안개 너머 무얼 타고 가셨을까
을씨년스러운 어깨에 엄마의 엄마씨가
달아준 날개를 타셨나
별밤 나란히 앉아 얘야 쟤 좀 봐라
아직도 철부지야 하시겠지
씨 내림 엄마씨 미구의 새끼별
아직도 이래요

# 아 세상

새 한 마리 들고나는 천변
테스 형 아모르파티 모두
묵묵부답 모르쇠 한판 승부다

꿈쟁이 꿈 타령 휘젓던 세상
낳고 우는 어미 자식 배꼽앓이
미역국에 밥 말아 효도 완료 자찬
머리 풀고 날아간 바람
어느 걸음이 붙들까

사라지고 떠도는 숨결
사라진 얼결 꽃자리 열매
시고 달고 떫고 쓴
굿판 열두 마당 쾌지나 칭칭

육자배기 목울대 울고 넘는 아리랑고개
쓰리랑 타령 한오백년 영웅호걸
북망산 멧새 비웃음에
할미꽃 꽃술 굽은 목덜미 피 울음 운다

# 젖니

스무 섬 서 말 어미젖 꼬박 챙겨
뽑아 올린 젖니
세상맛에 취해 물려주던
– 까치야 까치야 헌 이 줄게 새 이 다오 –
평생 가자 얻은 새 이

자지러진 맛 놀이에 쓰러진 새 이
하얀 까치가 바꿔치는 생니 자리
못 박힌 어금니 모질고 연약힌 삶
방금 심은 못질에 기대는 저작권

앓던 이 잊은 행보
세상 덕분 살아온 혼의 힘
별빛 익어 가는 기도
어매 아배 내려 준 이슬빛 수선

씹고 삼키는 태생 바람
살날 더불어 역정 돋우지 않을 배려
낱낱이 새겨 내는 시간의 알뜰
가네 사네 어긴 삶터 고쳐 사는 재미로

*하얀 까치: 치과의사

## 애초에

버린다던 나부랭이 다시 집는 찰나
멈추는 한 발
돌부리 누가 걷어찼나

태어날 때 알몸
기껏 배냇저고리 기저귀 차고
어미 품 젖꼭지면 세상이 한주먹

너덜 살림 허접쓰레기
들추면 춤추는 먼지안개
털고 나선 자리 부끄럼 한 다발이다

며칠이나 남았을까
촌음을 모르는 눈앞 거리를
왜 이리 미련을 떨까

알뜰 배운 엄마 품 아직이란 핑계
우물 안 개구리 두레박 그믐달
한생의 부유물살 웅얼거린다

남은 이들 아깝지 않을 흔적없이
끼고 뒹구는 이 무슨 야릇
어디로 어떻게 내려놓아야 할까

먹은 맘 위배하는 고래 심줄 유전자 씨름
뉘 있어 참견할까
어깨너머 맨주먹 엄마 솜씨 안성맞춤을

# 뚝심

배냇 힘이다
언제고 꺼내면 우뚝할 유전자 기둥
하늘이 무너지고 땅이 꺼져도
솟아날 믿음
빈주먹에 새긴 운명 줄이다

개미 숨소리 땅굴 뚫리고
민들레 솜털 태평양을 비행하는
질긴 근기

딛고 서는 의지
털고 비우는 허욕
추스르고 다듬는 맵시
알면 하고 모르면 배우는
배냇 가르침이다

하늘 계셔도
은근한 역성
곁을 서성이는 음성
휘감아 도는 믿음
천장에 걸린 두둑한 뱃심

# 탈춤

삽시에 떠오른 글발 백지에 뿌리고
침 마르는 되새김질 따오기 샘을 판다

얽히고설키는 무임 비행
곡조 잃은 오지수행 척박하다
비가 눈이 되고 눈이 비 되어
송홧가루 애솔꽃 무엇 있어 따를까

누구도 못 볼 심연의 바닥
풀면 풀릴 듯해도 얽히는
별곡 지은 앉은뱅이춤
섰다 앉았다 휘청한 탈춤 수행

마음속 생각 뿌리 뽑힌 흐늘흐늘
외지 살림 시공 너머 귀울림
애야 애쓴 만큼 보일까
가슴골 우짖음 하늘 곳 엄마는 울상

## 빛의 얼굴

하나같은 천만 표정
떴다 사라지고
사라진 듯 다시 뜨는 지속이다

마음 뒤에 숨 쉬는 영혼
붙잡아도 빈 포옹
떠나도 마음속 불씨

눈도 코도 입술 위에 그대로
토끼 귀 울리는 귀엣말
빛의 말 새겨듣는다

너비도 높이도 똑 닮아
속속 떠 외는 빛의 얼굴
빛발 오가는 엄니 여울

부릅뜬 언어
보여도 모르고
숨어도 아는 빛의 표정

## 새끼 사랑

받은 것도 준 것도 휘발
달아나며 말하네
왜
왜
모두 모를 새끼줄
새끼 어미

단청빛에 물오른 빛바랜 세월 물색
누가 가져갔나
삶으로 삶아 낸 세상 훈기
허망의 무게 처덕처덕 빚더미
새끼 사랑 어미 이슬

## 가을 이름


계절 하나에 붙은 이름 새끼 치는
엄마 무릎 간절하다

구름이 인생이야
가을 하늘은 엄마다
앞서 뛰며 자꾸 따라온다던 달 노래
아기도 청년 만든 세월이 가을이다

해어짐이 가을이다
맞선 보고 떨려 난 내 집이
낯선 이름 친정이란다 새댁이란다

만나도 그리운 아쉬움이 사랑이라는 가을
불러도 갈물 오른 우듬
체머리 흔드는 마른 잎 가랑잎 어딜 가나

달 보며 네 달 내 달 만날 이름 부르면
화답하는 솔바람 엄마의 느낌
뭐라 해도 엄마 구름 가을이다

# 땀

남보다 적게 흘리면
꾀보다

대충 흘리면
사라진 낭패다

꾸준하게 어리석도록
열중해야 땀이 되는 것

비롯된 뜨거움이 진주알 되어
목에 걸린 영예를 갖는다

소리 없는 경주다
영근 향기와 열매로

비로소
빛이 되는 것이다

엄마는 흘려야 땀이다
늘 이렇게 일렀지

# 어머니

툇마루에 앉아
꿰뚫던 산 너머 그림자
이제야 묻는 것을
어찌하시려나요

그 모습 잊어라 해도
마냥 그대로
손자 아이가 말하는
외할머니 똑 닮았다

내리꽂힌 텃밭 햇살
같은 세월 다른 익힘
묵은 맘 새 마음
엄마 거울 내 거울

# 늘 찬 허공


적적 고요 씁쓸 달콤 떫고 신 입가심
허공에 불어대는 성에다

있을 듯 없고 빈 듯 가득한 포만
다 받아 주고 이름 묻는 만청

떠나도 온 듯
와도 시큰둥 없으면 어쩌나 보듬는
빈 손아귀 배꼽은 떼어 내도

움켜쥔 손금
응애 메아리로 귀 뜨기 하고
찔끔 한 방울로 헹군 눈 뜨기

허공에 일구는 헛손질
발버둥 자취 순례길 묵묵부답
시치미 뚝딱 허공의 소리 없는 파장

보이며 스치고
사라지는 공 없는 흔적
에누리 없는 모성의 백지 수표다

# 알끈

흔들리지 않는 알껍데기
놓으면 깨지고 굴리면 부서질라
늦지 않을 만큼
잔뜩 품은 생명의 온기다

그냥 품어 생겨날 목숨이라면
손발이 닳도록 빌었을까
굶어도 채워야 할 온도
굴려도 부딪지 않는 탄생의 끈

어미의 자궁 부수는 연한 탯줄
빈껍데기 만들고 머리 드는 세상
눈뜨기도 전에 일어서는 날개
알이 어미일까 닭이 어미일까

## 제6부
## 볼우물 낙수

# 서슬

시퍼런 서슬 끝에 야윈 권세
세월의 뒤꼍 지켜 선 무언의 질주
누가 알랴 해도 꾸짖는 애사

망국 딛고 세운 피 내음
아비 자식 혈육도 서슬에 눌린 애통
느티 그루 보란 듯 육백 역사 눌러 담은
뿌리 깊은 물꼬 방언의 서슬 호곡하는지

태양을 이고 뻗어난 갈래 가지
저마다 푸르러 옛일 더듬는 고사리 눈빛
소리치던 날 선 빛발 헛품만 우뚝 꽂혔다

활짝 젖힌 권좌 무상을 흔드는 덕수궁 시울
숱한 잠언 던지는 무음 파동
남긴 말 주워 담고 궁궐 밖 나서는 발자국

## 볼 붉은 청년


푹푹 덮인 눈 더미 길을 내는 삽질
꾸부정 아배 손길은 뽀송한 노고
늘 앞장선 길 내기
두려움 모른 척 눈비 마다할까

타고난 대장부라 외치며
따끈한 안방 토끼 새끼
옷고름 풀던 지어미 젖가슴
이젠 아플 만도 한 허리 굽혀
여전 아배 노릇 휘젓는다

아버지는 남아라며 씩 웃지
지어미 뒷배 채우는 큰기침
업힌 새끼 둥둥개
삽질 가쁜 숨소리 콧수염 고드름
삼동에도 볼 붉은 청년 흉내다

어매는 따끈한 대야에 발 씻어 주며
말없이 치하하는 헤설픈 미소
아배는 마냥 미더운 주춧돌
얼싸안는 세상 기둥이라지

## 어미 닮이


질곡의 여인네 얘기 보따리 찻물에 우리며
밤을 건너 아직 까만 새벽

둘둘 말린 어둠 걷어 뛰노는 풀밭 망아지
산코숭이 우짖는 산정을 넘었는가

이젠 쉬이 열리는 문고리
별별 평이한 돌출
도깨비방망이 휘두르는 이즈막

등 뒤 숨은 말 비추는 거울
젖은 소리 바지랑대에 걸치면 바람이 맡아 가겠지

네가 그랬듯 우리 치른 생애 비등비등
어미 닮이 천만 누름돌

북망산 아린 고백 멧새 읊던 피차의 읍소
다관이 뜨겁게 쏟는 찻종 눈물일까 찻물일까

어미 음성 젖은 아쉬운 세월
배웅 길 유성이 토설한다

## 볼우물 낙수

소리치는 어리광 줄 긋고
볼우물 낙수 처마 끝에 나란하다
알 수 없는 그리움 울음 섞더니
생긴 대로 물길에 눕는다

남기려도 마구 흐르는 물줄기
보물처럼 끌어안고 흐린 하늘로
쏘아 올리는 뜨거움은
어느 전생의 아쉬움일까

비워도 가득
채워도 허전
치댐 모를 자락
옭아도 풀리는 허술

무게도
부피도 모를
가라앉은 이승의 바닥짐
쓸쓸한 옹알이 엄마의 근심 소릴라

## 세월 물살

쏜살 꿰어 찬 급물결
바삐 흘리도 바다는 남아
일렁이는 파도 갈매기 죽지 벗을 한다

거울 할매 타이르는 속정
- 뾰족한 수 없어요
누구에게나 흔하게 있는 법이지 -

허비한 흔적 주름살 긋고
왜를 묻는 한심
순간의 선택이 운명이란다

홀로 버무린 애물단지
차돌같이 구르고
푸석한 구름멍석 타고 흐르는

빗물일라
눈물일라
이 구석 저 구석 눈치코치

오그라진 마른 고사리손 끝
아예 잊고
북두칠성 치성 올리던 어매 장독대

바람이 울며불며 경을 외는 이명
박제 못 할 고드름장아찌
희번덕 씹어 삼킨 천변의 눈살

거울도 성에
세월도 절뚝이
곧추서도 꾸부정 노송의 지팡이다

장마 꼬리 따갑게 부여잡고
삶을 삶던 모녀의 샅바씨름
가라 아니 간다던 시집보내기

그 한때
기왕이면 가서 후회하라 시더니
아들 둘 손자 넷 못 볼 뻔했지

# 세상 약손

희끗 스치는 바람 따라 계절이 바뀌고
잊었던 유년 피어올라
상처 낼라 다독이던 약손
'어디 보자 애미한테 혼났구면'
눈망울 무너진 와르르 다독이는 손길
세상이 울적하면 또 그 음성
알항아리 꿀맛 아카시아꽃 오월이다
하늘보다 미덥던 시절 바람결에 떠나고

연륜의 내음 뭉클한 이 꼴 저 꼴
공원길 숲 내음 외할머니 손길일라
머리털 내맡기며 하염없이 걷는
세상맛 들볶인 긴 여정
삶은 보이지 않는 앞길을 내음으로 뚫고 가는가

얼마큼 계절을 들이켜야 맛을 낼까
세상은 의연하지만 울먹이는 가슴
약손 외할머니 탯줄 끊던 외마디 세상 내음
'딸이다 아' 외할머니 못 돼 본 아쉬움
그 밑천 달랑이는 여기는 익어도
아린 풋내 쌉쌀하다

## 고뿔 들라

기세당당하던 늦더위 풀이 죽는가
섬뜩한 바람 옷깃을 여민다
숲의 우듬 갈색 행진
머잖은 꾀꼬리단풍 숲 물오른다

긴팔 꺼내 입고 챙기는 철 갈이
엄마 생각 말을 건다
봄에는 늦게 벗고
가을엔 일찍 입어라 시던 말씀

으레 그랬다
공연히 급해 가볍게 나서고
여름 버릇 그대로 가을 길 걸으면
영락없이 따라붙는 재채기

가을 단풍 마중 곱게 볼연지 찍으려면
일찍 채비하고 마중해야지
애야 고뿔 들라 보살피던
염려 따라나선다

# 정情

허공에 흔들림 희귀한 만남이다
이명에 혹하고
눈먼 쭉정이는 일생 붙박이 외치네
부모란 무엇이냐고

남의 눈엔 보여도
눈에 박힌 새끼 뉘 고쳐 잡을까
가슴 크기 잴 잣대도 저울도 몰라
어처구니에 나무못 손잡이 으서져라
갈아대는 맷돌

멀어 흐린 잊은 정
숫돌의 둠벙은 어느 이름
붙여 줄까
깊어 모를 심연의 바다
정은 어이 신명 든 넋일까

낳고 기른 넋살이
누가 캐어 주나
하늘 가도 칭얼칭얼 별 하나 주오
열 손가락 활짝 편다

## 기다림의 가뭄

발 없는 식물 서서 한 생애다
불면 흔들리고
가뭄 들면 이슬도 야박해 혀끝을 태운다

발 달린 짐승이야 궁하면 찾아 나서지만
나무는 기다림만 우뚝
비도 눈도 그대로 맞는다며

꽃밭이 목 탈라 꾸중하시던 말씀
아침저녁 뜨락의 인사말
꽃밭이 웃는 이유였으리

늙마엔 아파트 베란다 꽃 화분 곁에
밀감 깡깡 열매 새콤달콤
애들도 귀가 있단다 눈길 주고 칭찬 주니
제법 맛난 열매를 주잖니

문득 뙤약볕에 나앉은 꽃잎이 가엾다
기다림의 가뭄 눈비 되어 오려나
내어 건 귀는 어디쯤 달리고 있을까

## 무상

햇발 살라 낸 하염없는 질곡의 터
나라님 빛바랜 곤룡포 헹가래 치는 봄볕
아비와 자식 주고 빼앗던 권좌 씨름
육백 년 세월 무심해 듣고 흩는
맨발의 고금왕래 구름이 싱긋벙긋
무얼 이루려는 걸까

단청에 새긴 피 울음 천장에 매달려
호곡 짓는 애사
시간이 지워 버린 흔적
오롯이 삼켜 터져 난 껍데기 굴레
뿌리 깊은 고목에 뻗은 뚝심은
번뇌의 귓불 바람에 붉다

삶은 얼마나 짧은가
보잘것없는 한줄기 빗방울 같은 것
핏빛 햇살 이고 덮는 세월
몇 줄의 고사古史 밑천 삼고 흐느끼는
발돋움 너머 시들 줄 모르는
광화문 권세 놀음 통렬히 지켜 섰더라

# 못질

살아 닫힌 관 뚜껑 그 아비가 했더라
하늘 가린 벽력 휩쓸린 권력의 못질
어둠의 뒤주 살아 치른 지옥
울부짖는 눈앞 아들과 손자 몰라라
청맹과니 행세 영조의 비정
할배는 서슴없고 사도세자는 갔다

어린 아들 흐느낌 어이 떨쳤을까
아들이 둘러맨 연輦에 실려
한강에 풀어놓던 아비 자식 울음
파도 소리 추임 하던 검푸른 물살

왕을 키웠지
한 풀어 다시 세울 시간 촉박하게 흐른
뜻밖의 단명 하늘에 둔 뜻
정조의 아비 사도는 무어라 말했을까

왕도 범부도 삶은 하늘의 명이라
이승이 뿌린 뒤끝 언제나 산 자의 몫
무얼 더해 삶을 마무리할까
유한의 짧막 구름이 걷어 갈 뿐

## 아비의 자락

처마 끝 낙수 천상의 낙관을
방울방울 눌러 찍는다
아비의 한恨
아들에게 걸쳐 준 곤룡포 왕좌보다
높던 권세 그도 잠깐
아쉽더라 허망하더라 눌러 찍는
눈물방울 운현궁 우물가 맴돌아
마사토 흐느끼는 통한의 발자국 파고든다

앞마당 목단 붉은 한철 향기 벌 나비 삼키면
뒤뜰의 노송 휘어진 가지 끝 솔방울 범패
모과 덩이 대추알 주렁주렁 맺힌 말 이르는가
노락당 용마루 휘젓는 먹구름 식어진 포효
부숴 내리는 빗물
며느리 명성황후 머리채 꺾어져라 기다리는 문전
몰라라 뜸 들이던 몽니도 흐르는 물

삼엄한 호령 대문 밖 오가는 차량의 소음이 삼켜
거기 있던 불호령 어느 누가 기억할까
억지 기적 분풀이 역사에 몇 줄 긋고
아득한 후손 이따금 구경삼는

날 선 묵향 난초에 남아 기세를 더듬는다
옆자리에 망을 보던 일본 문화원
눈엣가시 부엉이방귀 여전 버티고

앞마당 노송의 허리춤에 품은 애석
언제쯤 토설을 할까
발가락 사이로 치오르는 삶의 무상
일상을 이끈 긴 흐름
버려라 놓아라지만 살아 삶 어써랴
문밖의 소음에 절여진 이 당장
이고 지고 태어난 뭇 존재 앓이 사박사박
내딛는 사바의 유희
운현궁 마사토

## 입단속

귀에 닿으면 입이 근지러워
옮겨야 풀리는 직성
칼이 될지 창이 될지
입술 날개 퍼 나른다

메주도 술도 빚고 띄워야
깃드는 향기와 맛
입 다물고 듣기만 하라시던 기억
잊었는가

낮말은 새가 듣고
밤말은 쥐가 듣는다지만
새도 쥐도 말질 말썽 없는데
입살 전쟁 세상이 와글와글

아서라 제 흉 덮어씌운다고
근본이 사라질까

입살 맞은 묵묵 수행
세상을 감싸 입단속 마음 수행
바람이 그렇고 물길이 말질 않는
제 갈 길 제 알아 스며 흐르듯

무게 모를 몫을 깨달아
사람이 사람스럽기를
귀 쫑긋 입 벙긋 쥐구멍 새 둥지
입단속 쥐어박던 엄마 당소심

# 거리굿


펄럭이는 이파리 희롱
바람의 외침이다

보폭을 휘젓는 행인들
달리는 차량의 소음
자지러지는 덩굴장미 붉은 입술

햇살에 밟히는 그림자
얼쑤 한마당 굿 타령
임자는 누구일까

거리거리 굿거리
널린 대로 펼친 대로 질펀한 걸출
굿 모를 결결 굿판이다

살다 보니 굿쟁이
어미 면허 없이 풀어 마신
질곡의 신명 난 질주

삼신할매 손도장 몽고반점 볼기 문신
그걸 믿고 뛴 굿거리 한마당이었지

# 제7부
# 태양의 기약

## 기억의 예모


아니 계신 어머니 생각 겨워
부르는 이승의 소리 공양
생전의 엄마 이름 짓고
자정이 넘도록 이 말 저 말
세세한 세상사 고해성사한다

누가 정했나 어버이날
짓고 부르는 어머니 생각
그 노릇 삼는 사무친 멍에
종달이도 목이 메어 고운 정 휘날리는 먼 울음

누름돌 들썩이는 호곡의 무게
터득은 멀고 생生은 짧아
떠난 자리 영원히 함께일 줄
계실 적 지금이라면 더 몰랐을 애송이
시린 하늘에 엄마 둔 이승의 외마디

신이 다녀간 자리 엄마 이슬 하얀 구름꽃
눈동자 거니는 아픈 그림자
엄마여서 그랬을 세상
은사실 강보 곱게 여민다

# 몽롱

하늘이 무너져도 시간은 간다
대지의 온기는 하늘 살릴 궁리

뜨겁게 태웠다 차갑게 얼리는 끝 모를
꼭두에서 스스로 일어서는 생명의 융기
광년의 빛발 움키는 북극성 눈 굿 따라

하늘에 사는 별들의 살림살이
옮겨 와 목숨 빛 입는다

나무와 바위 뿌리와 잎의 숨소리도
바닷속 지느러미 율동 어미로 비롯한다

시작을 보았을까 끝을 알까
작디작은 아메바 빛발

웃고 우는 간택의 수락
어미도 모를 미궁의 잉태란다

짧은 꿈결 치르던 천업의 몸짓
죽어 사는 별나라 엄마별 초록별

## 부를 이름


산다, 고로 들리고 보이는
세상 전부에서 미립자의 아우성을
나는 묻고 어미는 보는 눈동자 그림

빛의 발사
빛의 흡수
빛줄기 타고 뻗는 발버둥이지

몰라도 알아도 정답 없는 세상
마음 도는 모퉁이 이별을 치르며
완료를 부르짖는 핏빛 둘레

바람이 이끈 끝자락
마음 쉬는 사랑의 발견을
늘 꿈꾸며 안겨 사는 것

성성한 생각의 뿌리 밑엔
젖 내음 고이고
가지 끝엔 꽃봉오리 화사하다

골고루 눈부신 향기의 재롱
엄마 생각 입고 뛰는 무성한 그리움

산다는 건 태어난 자리
맴을 도는 팽이치기 참던 울음
끝내 터져 나는 어 엄마

## 공치사

인륜 고비 볶고 지져도 내주지 않는
부부 낳은 천륜 공치사
겉이야 초록 수박 속이 뻘건지 푸른지

같은 세월 다르게 익혀
원두막 바람 맛에 알알이 박힌 씨알들
안팎 일상 나름의 성숙들
낳고 키운 공덕 부엉이방귀 될라

추스르는 숙원
부부 씨름 어미 아비 몫이어서
짧은 사랑 길게 늘여
자식바라기 성깔 바랜 세월 싱겁다

깨밭 콩밭 차밭이랑
접어도 펼쳐도 부부유별
낳은 정 기른 정 베갯잇 송사 무색하다

같은 순간 다른 이해
거리 없는 거리 지척인 듯 먼 바다
업고 띈 시린 새끼 뉘 알아 답할까

## 은혜꽃

품고 부를 이름
불쑥 디밀고 계면쩍어 안기던 가슴
꽃 빛에 영근 화분

빛 바랜 하얀 카네이션
하늘로 쏘아 올리면
구름 싱긋 파란 손길

곱던 그날 어디로
높으면 뭐 하나
눈 맞추고 웃지도 못하면서

하늘은 가슴
웃음 진 구름
귀를 여는 이름 바람이 싣고

어디쯤 날까
얘! 꽃이 연달아 피네
기르고 키운 자랑 사랑꽃 엄마

# 모르쇠

젖은 마음 치켜세운 장대
햇볕을 좇는다
내 모를 나 누가 있어 소통할까

놓치는 버릇 안달방아질
안이 밖을 밖이 안이 어둡다는 타령
지우고 헐고 올려 보는 바람에 휩쓸리는 이파리

어지럼증 호소 노래한다 하지
세상은 온통 모르쇠
내 모를 나를 엄마는 기억할까

이해는 멀고
도리질 치는 바람의 유혹
희번덕 길고 짧은 세상 길
별보다 많다는 엄마 근심 또 건드린다

## 태양의 기약

해 꺼지는 한나절 열정
토해 내는 안간힘
이내의 하늘 붉과하게 적신다

누구나 한 번은 가슴 쓸어 울
노을빛 웅장한 빛 물결
끓는 쇳물 새로 태어날 기대로

같아도 사뭇 다른 노을 녘
찍고 담아도 박제할 수 없는 순간을
엄마 다짐 다시 핀 듯

산코숭이 불태우며
훌훌 터는 미련
- 애야 가볍게 살아라
태양의 기약도 하루 빛이더라 -

# 공

차고 넘쳐도 누가 알까
텅 빈 허공 한가득

딛고 다져도 그저 그런
휘휘로움뿐

말하지 모두들
고프고 허전하다고

터지고 굴러도 알 수 없는
공 속의 헛바퀴

차고 넘친 존재
없다 있다 누가 보았는가

어미 뱃속 탈출하던
허방다리 공굴리기를

## 빛의 눈

검지가 쏘아붙인 하늘 저 자락
밝기도 어둡기도 빛의 좌정
어디어도 제자리
재지 않는 푹 퍼진 너스레
뛰어넘은 광년의 넋이다

떨림을 흔들던 젖은 빛줄기의 박치기다
품어도 떨쳐도 메우는 구석
무게 없이 업히고 스미는 하루 빛
무엇으로 어떻게 더할까
혼 빛 설레는 곳

땀땀이 한 날의 햇살 수를 놓는
숲의 우듬 성큼 키 올리는 발돋움
귀밑 세계 새겨듣는 사려
빛 가는 길목 그 계신 하늘 곳
엄마 해그늘 저물도록 붉은빛 세차다

## 왜요

쏟아지게 한가로운 툇마루
어린 딸 묻네
- 엄마는 왜 나를 낳았어요
글쎄 별걸 다 묻네
나도 몰라요
낳고 보니 너였지
새빨간 핏덩이 울음소리도 컸단다 -

- 나도 모르겠어요
엄마가 왜 우리 엄마 되었는지요
엄마보다 더 좋은 사람 없어도
애들은 제 엄마가 제일이래요
난 우리 엄마가 더 제일인데 -
천상의 이음새 어찌 알랴
예사라 여겨도 유전자 씨름 치열했던 자리

어미 딸 밀고 당기는 신의 명이다
두 번 없을 이름 엄마
딸이 맡은 운명 줄
내어놓은 세상맛
딸의 감지는 천상의 명이라도
아직 묻는
왜 딸로 만들어 주셨나요

늙마 시들한 툇마루지기
싱겁기로 맹물에 탄 이슬도 바다 맛
허공을 스치는 바람도 꿀맛
하늘 가득 퍼 올리는 한 생애
하루살이 희번덕 삼켜 가는 휘휘로움
그걸 알기까지 딸 되고 어미
할미까지 치르고 짧다는 넋두리 푸닥거리
어느 마당에 풀어 볼까

흐린 눈 비비며 멀리 던지는 딸네 세월
산 날의 엄마 호사 이만이면
피차 초월이련만

## 무슨 까닭

이유야 있겠지요
녹음이 익어 내리는 숲머리
낙엽 굴러갈 곳 묻는 정처
따라붙고 떨어지는 정나미
푸르고 붉었지요

닮아 어우러지고 몰라 좇던
줄달음
물어도 캐어도 화답은 멀어
바다 같은 늪
이름 지은 아비 어미 깊은 뜻 모른 체

잇고 돌아서는 여울목
나고 감에 살았을 적 씨름판에
흩뿌리는 시린 여운
꺼진 신명 관솔인들 밝힐까
태양도 하늘도 삼켜 간 세월 자벌레

구름이 뭉개 혼 풀고 넋 날리는
떠난 임 모두 한뜻일라
묻기도 어렵고 떠돌 날 꼽아 보는
무작정 못 할 일 할 일 만들고 부쉈지

누가 살아 하늘을 이끌까
무얼 하며 싱거움 달랠까
날아도 높지 않은 티끌 운명
생각 끝엔 무엇이 기다릴까
놓자 버리자 그게 뭘까요

## 깊을수록

맑고 얕았던 시냇가 발목을 적시던 모래알
송사리 떼 뙤약볕 놀이
시간 흘러 사막인지 바다인지
바람결 따라 파도치면
하늘 쪽빛 바다에 깃을 달고

목화밭에 내려앉은 구름
하얀 솜꽃 더 희어 바람의 살갗
가벼이 강 건너 파도의 수포

가슴 자라 숨소리 깊어지면
말소리 줄고 낮아 탓할 무엇 내려놓고
높이를 우러르는 순행

떠나도 남아도 여긴지 저긴지
가깝던 어머니 젖은 촉수 뜨거워
멀리 놓고 두드리는 답답

꿈에 본 강보의 안온
흔들리던 요람의 그네
낮은 헛수고만 넘쳐난다

# 시를 묻다

여러 눈동자가 일시에 묻는다
언제부터 쓰기 시작하였는가를
마음먹으면 달아나고
쓰려면 따로 나서는 백지의 길

어느 세계 유랑을 하는지
앉히면 딴청
세우면 삐딱
가부좌 사이로 숨바꼭질 감질난다

눈빛 따라 날고뛰는 생각
붓끝 의지 가다듬고
뿌리 밑 간짓대 물살
첫울음에 새긴 누구여도 시인

천부적 예지
세상맛 부딪던 첫 응애응애
강보에 그린 배냇짓 웃음
시는 순천의 내림이다

# 알약


관악산 구절초 이고 진 한 보따리
누굴 믿냐시며 스스로 캐어 오셨지
가마솥이 미어져라 지켜 서서
저어댄 손수 빚은 고약 덩이 잘게 나눠
손에 쥐여 주며 열대여섯 알 삼키란다
싫어라 찡그리면 나무라던 애틋한 근심
각별히 챙기시던
그 덕에 지금을 누리는 삶
구절초는 엄마 이름 가을 향기다
나직한 산자락 뒤덮은 연보랏빛 쌉쌀한 약초 음성
익모초 생잎 고아 손금 닳도록 비비셨지
미리 본 딸내미 내일

아들 둔 딸 흐뭇해 손주 자랑 만발
하늘에 뜬 연분홍 구름 잠행
별 싸라기 뿌리시는가
엄마로 가득 찬 구절초 가을꽃 하늘
바람으로 오셨나 귓불 뜨건 까꿍
구름 놀이 인생 노래 둥둥개
익모초 알알한 그리움
아홉 번 굽어 꺾인 구절초 사랑

# 왜 몰라

알긴 알았지 반귀신 반신선
나이 탈 배탈 세상에 뿌리고
아쉬움 부끄럼 말로 다 할까

숨을 그늘 찾다가 지새운 어느 날
문득 슬퍼지는 삶의 눈물
가슴에 살던 정꾸러기
눈에 담고 뒹구는 아픔을 보았지

만남이 남긴 여운 미움이라면
신들린 세월 신의 놀음에 빠진
젖니 사랑니 맨발 생애
알아도 못 한 탈 게으름에 주고

멀게 던지는 한 삶의 희비 곡절
세상이 준 은혜 믿고 뛴 허공의 몸부림
받아 준 까닭
티 없이 태어난 어버이 칭찬이겠지

## 이별 짓고

고사리 꽃가루 흩어 간다
소꿉 놀던 풀숲 이불
너랑 나랑 시시덕 까르르

물어도 모를 내일을
발톱 세워 내음 맡는
내 몸 네 살결

하늘도 땅 높이
우듬지 솜털 주무르는 대기
엄마 마을 아기 나들이

밤새 찾아온 이슬 돋을볕 맞이
풀벌레 입 맞추고
깃털 세운 발돋움 세상이 콩짜개다

사귄 절기 이별 짓고
바람 따라 돌아서는 하늘 엄마
엉엉 기다림만 낳는다

〈해설〉

# 삶의 폭이 넓은 이해와 해석의 언어 구현으로 이뤄 낸 시대의 사모곡

〈해설〉

# 삶의 폭이 넓은 이해와 해석의 언어 구현으로 이뤄 낸 시대의 사모곡

## 이오장(시인, 문학평론가)

 시인이 시를 쓸 때 언어가 담고 있는 의미와 목표로 삼는 사물을 각각 별도로 취급하면 순전히 이차적이고 부정적으로 된다. 이 둘을 결합하여 적극적이고 긍정적인 현상을 만들어 내야 비로소 시를 썼다고 할 수가 있다. 이는 언어가 내포하고 있는 유일한 현상으로서 일상 언어의 속성을 배제하는 이유다. 기표와 기의 두 차원의 차이에서 평행을 유지하는 이미지를 찾아내야 하는 것이 시 쓰기의 기본이다. 언어의 의미에서 사물의 본질을 찾지 않고 언어의 차이에서 드러나게 하는 것이라면 언어에 결정적으로 의지하게 되어 이미지를 생성할 수도 없고 이어 가지 못한다. 이 차이의 개념이 차이의 철학으로 이어지기도 하지만, 그것은 언어의 의미가 차이에서 드러난다는 전통적인 철학의 동일화를 비판함으로써 출발하는 것이다. 시의 언어 차이는 두 개의 개념이 하나로 합쳐지는 것으로 시작한다는 의미다.
 박송희 시인의 시는 여기에서부터 시작한다. 쉽게 설명한다면 술어를 배재하고 주어를 앞세워 언어의 유동성을 강력하게 하여 읽는 이에게 깊은 사유에 빠져 시의 묘미를 살린다. 우리가 과거에 사용했으나 현재는 사용하지 않는 언어를 찾아내어 새로운 언어에 결합, 여태까지 없었던 이미지를 발현시키고 언어의 끝은 없다는 것을 증명하는 시 쓰기다. 이것은 삶의 광폭이 넓고 이해와 해석이 원활하다는 것으로 함부로 시도하지 않는 시의 행로다. 과거 목월의 시에서 나타나는 특징의 재현이라고도 할 수가 있다. 삶의 철학과 언어의 시발점을 모른다면 작품도 쓸 수 없는데, 이것을 능숙하게 펼친다는 것은 언어 이해도가 높아 새로운 시의 정점에 거의 도달할 탑을 쌓았다는 증거다.

시인은 차이를 생각하고 동일화하지 않으며 다른 것을 같은 것으로 돌리지 않는다. 그렇게 하여 본질을 고정하지 않고, 다른 것을 드러내고 같은 것으로 환원하지도 않는다. 뜻하는 대로 기표와 기의 차이는 늘 다르게 생각해야 하나로 통일된 체계를 유지할 수가 있다는 언어의 철학을 지키고 있다. 이러한 힘으로 언어는 늘 차이를 드러내고 달라져야 하므로 동일한 것을 스스로 체계화할 수가 없어 모순에 빠지기도 하지만, 차이가 나는 것을 하나로 좁혀 전혀 다른 차이로 창조적인 이미지를 만들어 간다. 언어의 의미가 언어 앞에 있는 사물의 본질에 의해서 결정되는 것이 아니고 언어의 차이에서 드러나는 것이라면 동일성의 사유는 없어진다. 이것을 극복하기 위해 시인은 언어의 해체 작업에 돌입하게 되고 그것이 문세짐을 안고 있다고 해도 멈추지 않으려는 의도를 가진다. 그러나 언어의 해체는 기호언어로 돌아가는 것으로 자연과 사회와 인간의 관계를 흩트리는 역할이 될 수가 있으나 이것을 삶의 정서로 털어 내는 묘수를 부려 우리의 삶에서 일어난 모든 실상으로 이미지를 그려 그것을 극복해 간다.

박송희 시인의 이번 시집 『엄마 문고리』 특징은 삶의 정서를 극한으로 끌어올린 정의 집대성이다. 어머니를 하나의 매체로 올려 두고 어머니를 향한 사랑, 그리움, 추억의 고향, 가족의 중요성, 자아의 근본 등 우리가 겪었던 일을 사유의 탑으로 쌓는 간절한 시대의 사모곡이다.

## 1. 어머니를 부르지 않고 어머니 그려 내기

사물의 이미지를 그려 시를 쓰는 게 가장 좋은 방법이고 좋은 작품도 여기에서 나온다. 그러나 사물을 이해하기란 쉽지 않다. 지구 위에서 사람이 발견하지 못한 사물도 많고 발견된 사물도 전부 알기는 불가하기 때문이다. 안다고 하는 사물도 막상 그리려고 하면 떠오르지 않고 떠올랐다 하여도 전부를 이해하여 이미지화하기는 어렵다. 이는 시인 개개인의 차이에서 나오지만 조금만 관심을 둔다면 어렵지 않은 일이다. 세상의 모든 사물은 각 부분이 유기적으로 결합하여 이뤄진 것이다. 어떤 사물을 관찰할 때 각 부분도 살펴야 하지만, 각 부분 상호 연결에 더 관심을 가져야 진정한 의미를 알 수가 있다는 뜻이다. '어머니' 이 세 글자만 써 놔도 시가 된다. 어머니는 세상의 시작이고 끝이므로 어떤 순간 어느 장소 극한의 고난에서도 함께하는 유일한 존재이다. 그래서 어머니 시는 많지만, 유명한 작품은 별로 없다. 박송희 시인의 표현은 특별하다. 직접적으로 어머니를 부르지 않는다. 간접적인 이미지를 만들고 어머니를 부른다.

상차림 기다리는 가벼운 입가심
군침부터 부추겨 허기 채울 기미
젓가락 숟가락 부딪는 눈동자
간칠맛 섞는 다디단 어금니

아기자기 웃음보 밥상 다리 가벼워지면
우르르 어울린 정
흥겨움 짝을 짓고 신바람 북돋아
상머리 물리고 부른 배 꺼져라

윷 놀고 널뛰던 앞마당
할매 할배 어매 아배 모두 어울린 한바탕
나오르는 명절 너털웃음 아장 노래
다 있던 그때 홀로 적적 누가 만들었나

짧아 자지러지는 시간벌레
무엇이 이토록 용춤 추게 했던가
상차림 사라진 자리에 주름길 갈래들

## 지워진 흔적 빗방울 뿌려 간다
- 「입맷상」 전문 -

옛 시절 농촌의 잔치 마당이 그대로 연출되는 작품이다. 북적거리고 온기가 넘치고 음식 냄새가 진동하여 온 동네가 흥겨움에 젖어 가는 풍경, 그 시절의 정감이 그대로 전달된다. 아마도 '입맷상'을 기억하는 사람들은 많지 않을 것이다. 70대를 넘긴 사람들도 그런 말은 기억하지 못한다. 잔치 마당에 한 부분으로 사라진 지가 오래되어 잊힌 말을 기억하고 시를 쓰는 박송희 시인은 그만큼 언어의 기억이 뛰어나다는 증거다. 잔치 때 큰상을 차리기 전에 시장기를 면하기 위하여 간단하게 차려지는 '입맷상'은 우리의 전통이고 정을 나누는 절차다. 행로의 피로를 풀어 주고 맛의 진가를 느끼게 하는 목적도 있어 은근히 기대감이 감도는 역할을 하던 잔칫상, 그때쯤이면 할머니 어머니 아주머니들은 손을 어디에 둘지 모르게 바빠지고 자식이나 손주들을 위하여 먹거리를 챙긴다. 빠질 수 없는 놀이에 맞춰 음식상이 차려지고 빙 둘러앉아 나누는 모습은 지금 생각해도 흐뭇한 장면이다. 시인은 그런 장면에 익숙하고 할아버지 할머니들의 귀여움을 독차지했던 행복한 기억을 크게 아쉬워한다. 그러나 지금은 "짧아 자지러지는 시간벌레"일 뿐 그 시절로 돌아가지도 어머니를 부르지도 못하는 황혼기를 맞았다. 잔치의 풍족함에 더하여 가족의 끈끈한 정과 지극한 모성을 그려 낸 작품이지만, 옛 말을 찾아내어 시의 기본적인 정감을 끌어냈다.

제법 말들은 잘하지
계실 적 불효 나중 하는 효심
살수록 부자유 왜 그랬을까
한답시고 제 식대로 저지르고
이거저거 맘대로였지.

말 없어 모르시는 줄 시큰둥 미뤄 놓고
그저 봐준 넉넉한 품
이따금 깨우치는 아 그래
그걸 몰랐네 불효의 뜨거움을
말아라 그만두라 하신 거짓부렁
정말인 줄 짜증 내며 토라지던 맹추

서툰 권유 빈약한 미련퉁이 자식
염치 몰수하고 울컥거리는
뒷북 날라리 초라니 장구

잘못했어요 잘하려야 할 수 없는
허공에 내미는 헛 노래
그럴 줄 알았다 웃으실까

꾸짖음도 그리운 무릎 꿇고
손들고 앉아라 누가 이를까
단체 기합 대청마루 오 남매 우르르 쾅쾅
가라앉히고 붇넌 빌선 이유
이젠 듣지 못할 밤숭어리

삼십 나이 어미로 지킨 인고의 슬기
요즘 여인들 알기나 할까
어미 숙명 떠맡은 무게
하늘에 물끄러미 묻던 늙바탕 아련을
— 「뒷북 날라리」 전문 —

'행차 뒤에 나발 불기'라는 말은 이미 끝난 뒤에 하는 일은 아무 소용이 없다는 뜻이다. 버스가 지나간 뒤에 손을 흔들어도 이미 지나간 버스는 오지 않는다. 즉 후회를 간접적인 비유로 하는 말이다. 삶은 후회의 연속이다. 어느 것이 올바른지를 모른 채 일단 실행하고 뒤에는 후회하는 것이 사람이다. 모든 것은 때가 있으므로 정확하게 맞추기가 힘들어 생기는 결과지만, 어리석게도 그것을 알면서도 다시 행하는 연속적인 후회, 그것이 우리의 삶이고 현실이다. 그런 후회 중에서 가장 가슴을 치는 일은 불효다. 부모는 자식이 성장할수록 늙는다. 함께할 시간이 얼마 되지 않는다. 그러나 대부분이 영원히 함께할 것으로 믿는다. 영원히 살 수 없다는 것을 알지라도 그것을 잊고 모시는 데 소홀하며 부모의 소원을 들어주지 못한다. 끝내 후회하고 눈물을 흘린다. 박송희 시인도 마찬가지다. 효를 알지만 조금씩 미루다가, 어머니는 알아주시겠지, 이해하시겠지, 하는 믿음이 큰 후회를 낳게 하였다. 누구도 이것을 피할 수는 없다. 자신이 성장한 만큼 부모가 늙는다는 것을 잊었을 뿐이다. 하지만 그것을 당연하게 받아들이지 않고 후회하는 시인의 모습은 "뒷북 날라리"가

되어 현실을 슬퍼한다. 여기서 중요한 것은 언어의 동원이다. "거짓부렁, 맹추, 초라니 장구, 밤숭어리, 늙바탕" 등 우리가 잊고 지냈던 말을 찾아 효과적인 표현으로 시의 이해를 돕고 격을 높인 것이다. 불효의 후회는 한 번뿐이라는 것을 강조한 작품이다.

감은 눈 비집는 자장노래
못 잊을 유영 배냇재롱 듣고 보았지

귓속말 들려오는 사랑 발자국
여민 여로 살며시 젖혀
배냇버릇 그대로

다시 짓는 옹알 옹알이
하늘만 아는 천만 어릿광대
천상의 사랑둥이

눈치 빠른 필연의 몸짓에
맥박 뛰는 실핏줄 속삭이는
은사실 간짓대 응석
다리 뻗고 마시는 사랑 말
하늘 모롱이 나오르는 나래짓
땅 짚고 유영한다
- 「천만 어릿광대」 전문 -

부모의 사랑은 천상천하 유아독존이다. 자신의 생명

을 주고 자식의 생명을 산다. 이것은 오직 사람에게만 나타나는 현상으로 자연의 이치를 벗어나기도 하는 지고무상한 모정이다. 그런 일은 대부분 어렸을 때 일어나므로 대부분 잊어버리지만, 그렇게 자식을 사랑한 정성은 후에 자식에게 물려져 대를 잇는다. 그러나 자식은 그 시절을 잊는다. 그러나 박송희 시인은 기억한다. 한 번도 바닥에 뉘지 않을 정도로 정성을 다하여 길러준 부모를 잊지 못한다. 배냇재롱은 겨우 사물을 알아볼 정도의 어린 시절이다. 이때 온 식구들이 동원되어 아기를 공동육아 하는데 그 귀여움은 말로 표현할 수가 없다. "옹알옹알, 어릿광대짓, 천상의 사랑둥이, 간짓대 응석, 나래짓" 등 어른 앞에서 행하는 모든 것이 응석이고 놀이이며 귀여움이다. 천상의 광대가 되어 부모를 웃게 하고 간혹 울음으로 당혹하게 하면서 자라는 시절, 그 시절의 동향을 그대로 기억하는 시인의 잔상은 대단하다. 이것은 그만큼 부모의 사랑이 깊었다는 것을 의미하고 그 깊이만큼 성숙함이 빨랐던 것으로 보인다. 또한 잠시나마 부모에게 응석의 재미를 느끼게 한 생애 최고의 시절이었다는 것을 말한다.

## 2. 언어의 끝을 찾아 삶의 실마리를 풀어내는 힘의 원동력

박송희 시인은 자신에게 무한한 질문을 던져 언어의 끝을 보려 한다. 그것에 대한 매듭을 엮고자 지나칠 정도로 가까이 들여다본다. 그래서 종종 잊힌 언어를 통하여 자신을 드러내는 특징을 보인다. 내면에서 일어난 고향의 추억, 부모 형제의 그리움, 어릴 때 함께 뛰놀던 동무들, 지금까지 살아오며 겪었던 모든 일상을 끄집어내는 힘은 자신에게 있지만, 그것을 표현하는 것은 언어이므로 선택을 잘해야 독자가 형성된다는 것을 잊지 않는다. 그 결과가 언어의 끝을 찾게 하였으며 실마리를 풀어내는 힘이 된다. 독자들도 처음에는 어느 정도의 혼란을 겪고 나면 평안을 가져다주는 긍정의 언어를 동원한다. 자신에 대한 거대한 질문이자 삶의 해답을 보여 주려는 기억 찾기다. 결론은 항상 긍정도 아니고 부정도 아닌 모호한 행태를 보이기도 하는데 이것은 언어를 확장시키는 고리가 되어 자신의 존재를 어느 자리에 세울 수 있는지의 근본이 된다.

　　의관 갖춘 할아버지 아랫목
　　손녀딸 고사리 부축 장하다 칭찬하며
　　가부좌 틀고 무릎에 앉히던
　　껄껄 신통방통

　　쪼르르 뒤채 어매 아배 웃음 속 유년
　　대가족 살림 아련한 안채 뒤채
　　사내 아우 첫째 아들
　　높아진 엄마 잔등 외할매 사랑으로

　　누비던 뜨락
　　홍아 숙이 골목이 좁아라 상나리 키 재기

명아주 질경이 풀물 들이던 달맞이 둔덕
개구리 메뚜기 고추잠자리 논두렁 밭두렁

전봇대 크기 숙이 오빠가
동네 역성들던 듬직한 흐뭇
만날 수 없어도 불러 보는 이름
망팔 훌쩍 즈음 소녀 시절 갇힌 꿈

봉숭아 손톱 끝에 백설이 내리고
듬성한 머리털 하얀 달빛에 바래
그날 옛날 노래 짓는
아리랑 문턱 쓰리랑 눈물

- 「기억 더듬이」 전문 -

어느 과학자의 실험에 의하면 사람의 기억은 약 50%가 유년의 추억이라는 발표를 했다. 그것은 일반인들도 확인할 수 있는데 꿈의 무대는 대부분 고향이기 때문이다. 나이 들어 노후에 가까운 시기에도 현실의 사람을 만나는 꿈을 꿔도 그 무대는 고향이 대부분이다. 이유는 정확히 알 수 없으나 가장 사랑을 많이 받던 시기가 유년이기 때문일 것이다. 빈부의 격차를 떠나 어린 시절의 사랑은 어느 집이나 마찬가지다. 또한 뇌의 기억이 급속도로 성장하는 시기가 이때이므로 차곡차곡 저장된 추억은 평생 잊을 수가 없는 것이며 가장 행복한 시기다. 박송희 시인의 유년은 다른 사람보다 특별한 기억으로 나타난다. 할아버지 할머니 삼촌 고모 등

대가족을 이룬 가정에서 보냈으며, 오로지 집안의 웃음을 만들어 내는 귀염둥이로 자랐다. 그 기억이 고스란히 남아 있는 현재도 잊히지 않고 삶의 원동력이 되어 준다. 이것은 대부분의 가정에서 일어나는 일 같아도 그렇지 않다. 어느 정도의 부를 지니지 못했다면 나타나지 않는다. 시인은 그것이 원천이 되어 일생을 순탄하게 보냈다는 흔적을 보여 준다. 농경 생활의 전부를 하나하나 짚어 가며 감각적인 언어, 의태어 의성어를 슬기롭게 구분하여 나열한 힘은 그만큼 언어의 구사력이 뛰어나다는 방증이다. 여기에 우리 고유의 아리랑 리듬을 입혀 시의 격조를 민요조로 높인 것은 남다른 표현법으로 언어의 술사가 뛰어나다는 것을 증명한다.

잊음이 살림이다
메 들어 떡 치는 떡판
콩가루 팥가루 고물 둘둘 굴리는
시간의 굴레에서 태어나는 울력이다
까맣게 잊을 줄 날고뛴

문득 묵은 영상을 본다
자랑스럽던 돌쟁이 동생 자식 떠난 자리 치르던
어미 쓰라림을 짐작이나 했을까
살아 못 볼 발길 기다림이 고독이라며

빙긋 쳐다보던 애총에 묻어 둔
내림굿 공수받이 손금 우두커니 좇는 혼의 그리움

뚫어진 하늘 휘휘로운 눈길
울고 웃는 밤과 낮의 표정
어미 속 빠져나간 헛헛

흘러도 익지 않는 세월 새삼 씹는
아득한 그리움은 깨어도 꿈 꿈이어도 생시다
슬픔이 웃는 기꺼운 시간의 조우
멂도 코앞 아둔패기 깨우침 모른 채 스쳐 산다
- 「눈 감으면」 전문 -

  부모의 아픔은 가슴에 자식을 묻는 일이다. 애지중지 키운 자식을 먼저 보내는 슬픔은 언어로 또는 문자로 표현할 수가 없는 고통이다. 이 작품은 호사다마의 말을 풀어내어 삶은 기쁨만 있는 것이 아니고 그 속에 슬픔이 깃들어 고난의 아픔도 있다는 것을 밝힌다. 명절이 아니어도 떡판을 울리는 떡메질에 집안이 풍요롭고, 가족의 웃음이 끊이지 않았어도 갓난이의 죽음은 허무하다. 어머니는 슬픔을 참지 못하여 눈물 한 방울 흘리지 못하고 목이 탔다. 옆에서 지켜본 어린 딸은 어머니의 고통을 몸에 새기며 함께 울었지만, 그것이 삶의 부분이라는 것을 알았다. 혼령을 달래는 "내림굿 공수받이 손금"에 뚜렷하게 새겨진 가족사는 지금도 시인을 슬픔에 젖게 한다. '애총' 어린아이 무덤에 피어나는 풀꽃은 뚫어진 하늘이라며 훨훨 솟아나 자라고, 낮과 밤의 차이는 어머니 뱃속에서 빠져나간 허무로 웅크리고 앉아 어머니 평생을 무겁게 하였을 것이다. 행복했던 유년의 기억 한편을 차지하고 평생을 지울 수 없게 한 것은 어머니의 모습을 몸에 새겼기 때문이다. 흘러도 잊지 않은 세월을 씹어 가며 꿈꾸어도 꿈을 깨어도 어른거리는 기억, 꿈이어도 생시 같은 슬픔과의 조우는 시인을 만든 기초가 되었을 것이다. 그러나 슬픔이 다는 아니다. "멂도 코앞"에 두면 아둔할지라도 깨우침을 준다. 그게 삶의 철학이라는 시인의 감정 조절이다.

    어머니 앞 백 년 어린애
    한가로우니 불현듯 치달려가는
    거기 살고 있는 요람의 그넷줄
    발 구르는 바람 가르기 한다

    그리움이 휘날리는 머리카락
    앞 구름 뒤 구름 하늘 구르는 가슴 폭
    부를세라 미리 튀어나오는 엄마는
    꿈을 지키는 만년 파수꾼

    누가 짓고 이름 불렀나
    바꿀 수 없고 떠날 수 없는 자리
    핏줄 언어 뼛속 가르침이다
    세상이 다 잊고 버려라 해도 누가 따를까

    태반 유영 배꼽젖줄
    아이 어른 구별 없는 이름 임마는 하나다

아쉬울 때 놀라울 때 슬퍼도 기뻐도 튀어나오는
자동 여닫이 천작의 걸작 신의 작품
언제고 살아 열리는 시공 발아다
-「엄마 문고리」전문 -

 엄마, 크게 불러보면 언제 어디서든 금방 달려오신다. 가슴에 항상 살아계시기 때문이다. 자식은 어머니의 분신이다. 분신이므로 분리되지 않는 존재, 그게 어머니다. 시인의 어머니는 더욱 유별나다. 어머니가 유별난 게 아니라 분신이 유별나게 어머니를 부른다. 그 결과가 이번 시집에 집약되어 세상의 모든 어머니를 일깨운다. 살아계시나 계시지 않으나 가슴에 품고 있는 어머니는 굳이 부를 필요가 없으나 어머니를 위한 지독한 사모곡이다. 요람에서 무덤까지 지고 가야 할 어머니의 그림자는 바로 자신이므로 반백 년이 지났어도 그대로 그 모습이다. 그리움에 휩싸여 하얗게 물든 머리카락도 어머니를 닮았다. 어머니는 만년 파수꾼으로 자식을 지켜 주면서도 늙음에는 자식을 닮아 간다. 탯줄로 이어졌지만, 탯줄을 자른 후에는 정신으로 이어져 혼연일체의 결정체로 자식의 안위를 살핀다. 무엇인가에 놀라거나 급박할 때 부르는 어머니가 아니라 여닫이를 열고 세상을 엿볼 때나 문을 닫아걸고 단절일 때도 어머니는 나타난다. 신이 아니지만 신보다 높이 있는 어머니를 '문고리'로 대입시킨다. 언제든지 잡을 수 있고 열어 주는 또한 끊을 수 없는 고리로 우리의 삶을 이어 준다는 시인의 가슴은 그 시절의 어머니를 현재로 끌어내 뒤집힌 세상의 면목을 자세히 보살핀다.

## 3. 존재하되 존재하지 않는 듯한 진리의 윤리의식 담아내기

　박송희 시인의 시가 인간의 영역에서 무엇을 할 수가 있을까 고민한다. 대단히 형이상학적으로 보이지만, 실제로는 삶의 길을 이끌어가는 시, 다시 말해 인간의 영역을 한 층 더 높이는 작업이다. 시인이 자신에 대해 언급하고 자신의 사상을 일인칭으로 표현하는 경우는 많이 있지만 자신 전체를 드러내지는 않는데, 박송희 시인은 그런 존재감을 드러내지 않으면서도 우리가 지닌 지금까지의 삶의 여정을 새로운 기법으로 펼친다. 겉으로 드러난 것에 치중하지 않는다. 내면에 감춰진 사상이나 결의를 은유와 상징으로 만들어 비유를 통해 표현하고 있다. 꾸밈이 있으나 꾸밈이 드러나지 않는 감정의 전의, 윤리가 존재하나 윤리적이지 않은 삶의 진리를 밝히는 일, 겉으로 무엇을 꾸미지 않는다. 무엇인가를 드러내기 위한 묘수도 보이지 않는다. 다만 언어의 근원을 찾아내어 침묵으로 전할 수 있는 뜻을, 언어를 통하여 드러낸다. 자신과 타인에게 존재감을 드러내는 것이 아니라 존재하되 존재하지 않는 듯한 진리의 윤리의식을 담아낸다.

　　어디쯤 떠돌아 엮힌 인연일까
　　어미 빌어 태어난 세상

갚을 길 몰수하고 온갖 시름
설레발치던 콧잔등
젊은 어미 자식 씨름 한창이었지

다들 있는 엄마 하나
하늘에 묻고 별바라기 딱한 노릇
시린지 뜨거운지 혀 꼬부라진 맹맹이
자식네 백 년을 버텨도 어린애 행세
천년 느티 그늘 춥다 덥다 여전하지

어미는 누구의 부름으로 태어났나
나 죽어도 아주 가는 게 아니야
네가 있어 바라볼 이승
떠나도 남아 지킬 의지의 눈시울
어미가 뭐길래 긴 지킴을 서약하며
죽어 사는 성장을 일렀을까

싸락눈 안개 너머 무얼 타고 가셨을까
을씨년스러운 어깨에 엄마의 엄마씨가
달아준 날개를 타셨나
별밤 나란히 앉아 얘야 쟤 좀 봐라
아직도 철부지야 하시겠지
씨 내림 엄마씨 미구의 새끼별
아직도 이래요

- 「엄마씨」 전문 -

어머니의 어머니는 어디에서 태어났을까. 할머니에게서 태어나 어머니로 이어지고 자식은 다시 어머니가 되어 할머니로 변하고 대대로 그렇게 이어진 것인 인류의 삶이다. 그러나 어머니는 단 하나의 지고무상한 존재다. 그래서 하늘보다 높고 바다보다 넓을 수밖에 없으며 잊히지 않는다. 박송희 시인의 어머니 작품은 이 같은 의문에서 시작한 게 아니라 의문은 젖혀 두고 하나의 진리를 따라간다. 누구에게나 있는 어머니, 그러나 영원할 수 없는 존재, 맹맹이 시절에는 맹맹하게 어리광 부리고 늙어 돌아가시면 눈물 흘리며 그리워해도 다시 못 보는 어머니, 왜 잊히지 않고 가슴이 아플까, 사람이기 때문만은 아닐 것이다. 정신은 누구에게나 존재하고 기억하는데 유녹 시인의 이머니는 더욱 크고 그리움의 대상이 되는가. 이것은 시인의 그릇이 인류의 원천을 더 많이 담고 있기 때문이다. 돌아가셨어도 더 크게 다가오고 죽음에 이를 만큼 성장했어도 더 그리워지는 어머니를 향한 기대가 깊기에 일어나는 결과다. 이제 어머니보다 더 늙은 나이에, 별밤을 헤아리는 눈빛이 작아진 때에, 씨 내림의 어머니를 부르는 이유는 시인이 낳은 자식들에 대한 당부도 될 수 있고 세상에 존재를 알리는 소리도 될 수가 있다. 이런 것이 시인의 지닌 지고지상한 어머니 사랑이고 자식을 사랑하는 마음이다.

버린다던 나부랭이 다시 집는 찰나
멈추는 한 발

돌부리 누가 걷어찼나

태어날 때 알몸
기껏 배냇저고리 기저귀 차고
어미 품 젖꼭지면 세상이 한주먹

너덜 살림 허접쓰레기
들추면 춤추는 먼지안개
털고 나선 자리 부끄럼 한 다발이다

며칠이나 남았을까
촌음을 모르는 눈앞 거리를
왜 이리 미련을 떨까

알뜰 배운 엄마 품 아직이란 핑계
우물 안 개구리 두레박 그믐달
한생의 부유물살 웅얼거린다

남은 이들 아깝지 않을 흔적앓이
끼고 뒹구는 이 무슨 야릇
어디로 어떻게 내려놓아야 할까

먹은 맘 위배하는 고래 심줄 유전자 씨름
뉘 있어 참견할까
어깨너머 맨주먹 엄마 솜씨 안성맞춤을
　　　　　　　　　－「애초에」 전문 －

어머니와 자식은 무슨 인연으로 맺어졌을까. 아버지와 어머니의 인연으로 맺어지지만, 원형을 생각하면 하늘이 그렇게 점지하였다. 끊고 싶어도 끊지 못하고 원하지 않아도 맺어지는 사이다. 한 번 맺어지면 하늘도 어쩔 수가 없는 관계, 부모와 자식은 그래서 서로 받들어야 할 관계다. 예로부터 효는 만상의 근본이라 했다. 세상 모든 것이 없어져도 반드시 부모는 챙겨야 하며 부모는 자식을 챙긴다. 일부 야생동물들도 그런 관계로 자연을 공유하는 것을 볼 수가 있는데 이것은 피의 흐름보다 강한 인연의 끈이 있기 때문이다. 여기서 시인은 애초에 하늘이 있어 맺어진 것이 아니라 처음부터 부모 관계는 맺어져 하나의 흐름으로 흐른다고 말한다.

　태어날 때 알몸인데 기껏 배냇저고리 입고 어머니 젖꼭지를 원하는 작은 존재가 무엇을 더 바랄까. 세상은 한주먹도 안 되는데 허접한 욕망은 어디에 쓰려는가. 우물 안 개구리처럼 작은 생각으로 "한생의 부유물살" 출렁이며 응얼거린들 누가 그것을 받아 줄까. 오직 어머니뿐이다. 어머니는 크다. 무엇이든 주고도 줄 것을 더 찾는다.

　그런 어머니를 왜 영원히 함께하지 못하는가. 그것도 역시 인연이다. 하늘의 인연이 다하여 끊어진 삶의 길, 고래 심줄같이 질긴 그 길을 어찌해야 할지 모르는 방황, 아무리 용을 써도 어깨너머 맨주먹으로 이룬 어머니의 솜씨를 따라갈 수가 없다. 어머니의 그 위대함을 알면서도……

아니 계신 어머니 생각 겨워
부르는 이승의 소리 공양
생전의 엄마 이름 짓고
자정이 넘도록 이 말 저 말
세세한 세상사 고해성사한다

누가 정했나 어버이날
짓고 부르는 어머니 생각
그 노릇 삼는 사무친 멍에
종달이도 목이 메어 고운 정 휘날리는 먼 울음

누름돌 들썩이는 호곡의 무게
터득은 멀고 생生은 짧아
떠난 자리 영원히 함께일 줄
계실 적 지금이라면 더 몰랐을 애송이
시린 하늘에 엄마 둔 이승의 외마디

신이 다녀간 자리 엄마 이슬 하얀 구름꽃
눈동자 거니는 아픈 그림자
엄마여서 그랬을 세상
은사실 강보 곱게 여민다

- 「기억의 예모」 전문 -

 자식이 부모를 생각하는 건 부모가 떠난 뒤에 더 간절하다. 생전에는 영원히 함께할 줄을 알고 멀리 떨어져 있어도 다부지게 챙기지 않는다. 누구에게든 공통으로 어렸을 때는 자신이 필요해서 어머니를 찾고 온갖 것을 기댄다. 삶을 위한 여정에 슬하를 떠나 있을 때도 일을 핑계로 자주 찾지 않는다, 그것은 옛날이나 지금이나 동일하다. 오히려 옛날이 더 그랬다. 통신 시설이 없이 오직 걸음으로 다녔던 때는 더욱 심했다. 오죽하면 못난 나무가 산을 지킨다는 말이 생겼을까. 출세하지 못한 아들이나 딸이 집 안에 머물러 부모를 봉양했다. 지금 시인은 그때의 어머니보다 나이가 많다. 그 시절에는 대부분 그랬으나 요즘은 평균 수명이 길어졌다. 그래서 더 그립고 미안하다. 어머니만큼만 살아도 되는데 더 오래 산 것이 죄송하다. 그런 마음이 일상에서 계속 이어져 기억의 힘으로 고해성사하듯 어머니를 부른다. 못다 한 효를 다하려 하지만, 꿈에도 나타나지 않는 현실에 구슬픈 사모곡이 되어 세상을 울린다. 그렇지만 계실 적에 왜 그런 생각을 하지 못했나 하는 후회에 언제나 "애송이"라 자학하며 "엄마 이슬 하얀 구름꽃"을 쓰고 "아픈 눈동자"를 굴린다. 엄마여서 그럴 수밖에 없었을까 하는 생각은 후회를 덮기 위한 자학일 뿐, 시인의 가슴은 어머니 그 나이에서 멈춰 맷돌에 눌린 무게를 견디며 끝없는 사모곡을 쓴다.

### 4. 언어를 통하지 않고는 현실은 드러날 수 없고 파악할 수도 없다

박송희 시인은 하나의 차이를 만들어 내는 것을 배제하고 변화하는 차이를 만들어 간다. 일부는 시인의 시가 어렵다고 할 수도 있지만, 훨씬 높은 경지의 언어를 습득해야 이룰 수 있으므로 언어의 폭이 넓다는 것이 증명된다. 시인은 동일성의 전통을 깨트리고 언어의 해체 작업을 종종 하는데 '그것이 그것이다'는 동일성의 사유와 그 동일성이 사물의 본질이며 언어에 의해서 지시된다는 인식을 극복하는 언어를 찾기 위해서다. 그래서 더욱 신중하다. 언어를 위한 언어에 관심을 가질 뿐만 아니라 언어를 통하지 않고는 드러날 수 없고 파악할 수도 없는 현실을 그려 낸다. 또한 굳은 언어의 틀 안에만 머물러 있을 수 없는 현실을 지향하면서 언어를 다룬다. 그 결과물이 시집 『엄마 문고리』로 세상에 빛으로 밝힌다.

　어머니에 대한 시는 시인들이 많이 발표하였으나, 박송희 시인의 어머니는 다르다. 삶의 일대기를 그리고 그리움을 표현한 게 아니라 어머니를 언어의 대상으로 올려놓고 새로운 어머니상을 그렸다. 삶의 폭이 넓은 이해와 해석의 언어 구현으로 이뤄 낸 시대의 사모곡을 새로운 발상으로 표현한 것이다. 여기에는 존재하되 존재하지 않는 윤리의식을 담아내었고 언어의 끝을 찾아 삶의 실마리를 풀어낸 원동력이 있으며 어머니를 부르지 않고도 어머니를 나타내는 사물의 언어가 작품마다 가득하다. 독자들의 눈빛을 당혹하게 할 독창적인 언어 구사력이 돋보인다.

박송희 여덟 번째 시집
# 엄마 문고리

제1판 1쇄 인쇄 · 2025년 5월 15일
제1판 1쇄 발행 · 2025년 5월 20일

**지은이** · 박송희
**펴낸이** · 이석우
**펴낸 곳** · 세종문화사
**편집 주간** · 김영희

**주소** · (03740)
　　　　서울 서대문구 통일로 107-39, 223호
　　　　E-mail: eds@kbnewsnet
**전화** · (02)363-3345, 365-0743~5
**팩스** · (02)363-9990

**등록번호** · 제25100-1974-000001호
**등록일** · 1974년 2월 1일

ⓒ 박송희 Printed in Korea
E-mail: mago571@daum.net

ISBN 978-89-7424-212-1　03810
값 15,000원